Karl Gebert

Bemerkungen zur Theorie des Existentialsatzes

Karl Gebert

Bemerkungen zur Theorie des Existentialsatzes

ISBN/EAN: 9783743413153

Hergestellt in Europa, USA, Kanada, Australien, Japan

Cover: Foto ©Andreas Hilbeck / pixelio.de

Manufactured and distributed by brebook publishing software (www.brebook.com)

Karl Gebert

Bemerkungen zur Theorie des Existentialsatzes

BEMERKUNGEN

ZUR

THEORIE DES EXISTENTIALSATZES.

INAUGURAL-DISSERTATION

ZUR

ERLANGUNG DER PHILOSOPHISCHEN DOCTORWÜRDE

AN DER

KAISER-WILHELMS-UNIVERSITÄT STRASSBURG

VON

KARL GEBERT

AUS LÖFFINGEN (BADEN).

STRASSBURG.

DRUCKEREI DER "STRASSB. NEUESTEN NACHR.", A.-G. VORM. H. L. KAYSER

1893.

Meiner Mutter

und den Manen meines Vaters

in Dankbarkeit.

Die Anregung zu dieser Arbeit empfing ich von meinem hochverehrten Lehrer, Herrn Professor Dr. W. Windelband. Zugleich entledige ich mich der angenehmen Pflicht, demselben auch öffentlich meinen Dank auszusprechen für den mannigfachen Rath und die fördernde Beihülfe, welche er mir hat zu Theil werden lassen. Nicht minder fühle ich das Bedürfnis, an dieser Stelle dankbar der Vortheile zu gedenken, welche aus der Lehrthätigkeit des Herrn Professor Dr. Th. Ziegler meinen Studien zu Gute gekommen sind.

Strassburg i. E., 14. Februar 1893.

Der Verfasser.

Inhalts-Übersicht.

	Seite
Einleitung	1
I. Psychologische und historische Vorfragen	2
a) Attributivurtheil und Existentialsatz in ihrem psychogenetischen Verhältnis	2
b) Der Existenzbegriff in der Geschichte der Philosophie	14
II. Logische Bedeutung des „Ist" im Existentialsatz	21
III. Die Existenzarten	36
a) Das Sein als Beziehung zur Wahrnehmung	37
b) Das Sein als Beziehung zum erklärenden Denken	43
c) Das Sein als Beziehung zur psychischen Realität	51
d) Das Sein als Beziehung zum „Bewusstsein überhaupt"	56

Hat Kant durch Besinnen auf die Bewusstseinsformen der Aufgabe der Philosophie im Allgemeinen eine neue Richtung gewiesen, so gilt dies in besonderem Grade von derjenigen philosophischen Disciplin, welche von altersher als das Organon der übrigen bezeichnet wurde, nämlich von der Logik, im weiteren Sinne des Wortes. Allerdings zeigt dieser Philosoph, wie es ja für einen mehr bahnbrechenden denn abschliessenden Geist charakteristisch ist, seine Lehre nicht in der Gestalt durchsichtiger und widerspruchsloser Abgeklärtheit, sondern in störender Weise durchsetzt von rudimentären Elementen seiner sich wesentlich in formalistisch-dogmatischem Ideengange bewegenden Entwicklung.

Man sollte nun glauben, dass in unsern Tagen, als in einer Zeit, welche in ihrem wissenschaftlichen Betriebe dem tiefgründenden Nährboden Kant'scher Denkweise so manche kostbare Frucht verdankt, die Vertreter der Logik einmüthig sich angelegen sein liessen, die erkenntnistheoretischen Probleme Kant's sorgsam aus ihrer andersartigen Umhüllung herauszuschälen und weiter zu bilden. Allein während in der That ansehnliche Logiker mit erfreulichem Erfolge bemüht sind, das erkenntnistheoretische Prinzip in ihren Arbeiten zum leitenden zu machen, verharren andere, wenn auch vereinzelt, auf dem Standpunkt des Aristoteles und Leibniz, noch andere erwählen Fichte und Herbart zu ihrem logischen Patron.

Es erscheint demnach ziemlich unmöglich, die Ansichten dieses vielsprachigen logischen Kollegiums auf eine gemeinsame Form zu bringen. Diese beziehungslose Dissonanz verschiedener logischer Systeme äussert sich in verdichteter und greifbarer Gestalt bei derjenigen Frage, welche geradezu den Hauptpunkt des menschlichen Denkens trifft, nämlich bei der Frage nach dem Wesen und der Bedeutung des Existenzbegriffs. Vorliegende Arbeit hat sich die Aufgabe gestellt, auf Kant'scher Basis die wichtigsten Lehren der heutigen Logiker über letzteren Begriff kritisch zu untersuchen.

I.
Psychologische und historische Vorfragen.
a) Attributivurtheil und Existentialsatz in ihrem psychogenetischen Verhältnis.

Bevor wir in die logische Untersuchung eintreten, empfiehlt es sich einen Blick zu werfen auf das rein psychologische Verhältnis des Existenzbegriffs zu den übrigen Bewusstseinsfunktionen. Wir gehen hiebei passend von einem Satze der Erkenntnislehre Spinoza's aus, welcher besagt, dass jeder Bewusstseinsinhalt ein seiner Stellung im Bereiche der Bewusstseinsfunktionen entsprechendes Kriterium der Wahrheit unmittelbar in sich trage. Die zweite und dritte Stufe der bei Spinoza nach Werthprincipien geordneten Vorstellungsreihe (ratio und intuitiva cognitio) involviren in ihren Erkenntnissen absolute Gewissheit, da hier idea cum ideato convenit. Ähnlich involvirt die niederste, auf Wahrnehmung beruhende Erkenntnisstufe (imaginatio) die Existenz des Gegenstandes, aber weder ausdrücklich, noch mit dem Stempel absoluter Gewissheit; die Gewissheit ist hier keine Irrthumslosigkeit, blos ein subjektives Sichberuhigen, Nichtzweifeln*.

---
* Concipiamus puerum equum imaginantem nec aliud quicquam percipientem. Quandoquidem haec imaginatio equi existentiam involvit, nec puer quicquam percipit, quod equi existentiam tollat, ille necessario equum ut praesentem contemplabitur, nec de eius

Die Frage nach der Richtigkeit dieser spinozistischen Lehre bildet in diesem einleitenden Kapitel den Gegenstand der Untersuchung. Ist, fragen wir, der Existenzbegriff auf der untersten Stufe wirklich nichts anderes als jenes Sichzufriedengeben des Wahrnehmenden mit dem Wahrnehmungsinhalt?

Der Weg, welcher zur Entscheidung dieser Frage führt, ist zunächst der psychogenetische. Dabei ist es für uns Angehörige einer fortgeschrittenen Kultur allerdings sehr schwer, bei Gelegenheit der Besinnung auf das Entstehen einer Erscheinung des Seelenlebens den Antheil des Individuums von dem der Gattung zu sondern. Im grossen Gegensatze zum materiellen herrscht im geistigen Leben ein friedlicher, mehr oder minder unbewusst sich aufdrängender Kommunismus des Eigenthums. Nicht blos von der dichterischen Conception, sondern vom geistigen Leben überhaupt gelten die Worte des jungen Goethe, dass es einen „geheimen Punkt" gibt, „in dem das Eigenthümliche unseres Ich, die prätendirte Freiheit unseres Wollens, mit dem nothwendigen Gang des Ganzen zusammenstösst". Diesen Schwierigkeiten entgehen wir am einfachsten bei einem Rekurs auf die Psyche des Kindes. Die Armut des Kindes an Vorstellungen und Bedürfnissen und die relative Einfachheit der Verhältnisse, welche die Gefahren der complizirten Erfahrung ausschliesst, endlich die Übereinstimmung der allgemeinen Processe in allen Individuen sichern einer besonnenen Deutung in jedem Falle einen hohen Grad von Wahrscheinlichkeit.

Das zeitliche Verhältnis des Kindes zur Aussenwelt ist das einer ständigen Gegenwart; eine Vergangenheit kennt es nicht, um eine Zukunft kümmert es sich nicht, kurz, sein geistiges Dasein gleicht jenem Zustand, den Schopenhauer als beneidenswerthes Vorrecht der Thiere preist. In ähnlicher Einfachheit zeigt sich dem Kinde die Form der Räumlichkeit.

---

existentia poterit dubitare, quamvis de eadem non sit certus (Eth. pars II, propos. 49, schol.).

Beim Erwachsenen sind es nur Gesicht und Getast, welche ihre Qualitäten in räumlich-substantielle Formung bringen; dagegen die Qualitäten der anderen Sinne stehen zum Gegenstand in einer freieren, trennbaren Beziehung. Diese Unterscheidung macht das Kind noch nicht; es setzt vielmehr die Wirkungen, welche irgend ein Objekt in Gestalt der mit den Empfindungen verbundenen sinnlichen Gefühle in irgend welchem Sinne ausübt, sogleich als objektive Qualität des Gegenstandes selbst. Es kann sich nicht genug wundern über das tönende Wunderding einer Spieldose oder über die klangvollen und wohlthuenden Töne, welche Musiker ihren verschieden geformten Instrumenten zu entlocken wissen. Ein garstig klingendes Instrument flösst ihm Schrecken ein. Ähnlich ist es bei der Geschmacksqualität; diese ist so sehr das Ding selbst, dass je nach dem Befunde derselben, zu deren Prüfung das Kind bekanntlich jeden Gegenstand in den Mund führt, das Ding entweder gewollt oder zurückgewiesen wird.

Die Reaktion des Kindes auf die so gestaltete Welt seiner Umgebung ist geleitet von jener passivsten und dunkelsten Seite des psychischen Gesammtdaseins, welche auch bei erlangtem Selbstbewusstsein nicht völlig erhellt ist, von dem Trieb- und Gefühlssystem. Mehr fühlend als wissend lebt das Kind in spielendem Verkehr mit den Dingen, deren Verhältnis es als ein schlechthin selbstverständliches auffasst, und der Erwachsene freut sich mit Recht über die naive Zuversicht und Arglosigkeit, wie es mit den Gegenständen verkehrt, als stünde es mit ihnen in einer Art geistigen Rapports.

Eine interessante Parallele zu dieser naiven kindlichen Hingabe bildet das Schaffen des mit der Natur sich eins fühlenden dichterischen Genius. Zwar zeigen die mehrfachen Redaktionen eines und desselben Werkes, dass es in der Werkstätte des Dichters doch nicht so ganz reflexionslos hergeht. Es hiesse aber den der Kunst wesentlichen Begriffen der Intuition und der Stimmung eine contradictio in adiecto beifügen, wollte man annehmen, dass jede Vorstellung, welche der schöpferischen Phantasie des Dichters entsteigt, mit dem Bewusstsein der Existenz verknüpft wäre. Denn der Existenzbegriff würde als bewusste Geistesfunktion die schaffende Phantasie in ihrer freien Bahn stören und hemmen, ja das stete Vorschweben der nüchternen Wirklichkeit würde ihre Thätigkeit ganz aufheben. Welch' rationalistisch-nüchterne, an den sens du réel des modernen französischen Naturalismus gemahnende Auffassung von dem Wesen der Kunst wäre die nothwendige Folge, wenn es nach Spinoza ginge, und das dichterische Phantasiegebilde eines Flügelrosses mit der Behauptung identisch wäre, das Pferd habe Flügel, oder, es existire ein geflügeltes Pferd*! Wenn das Schaffen des Künstlers sich nicht vor allem darin erschöpft, getrennt liegende Vorstellungen aus dem Reichthum seines Bewusstseins nach Gesetzen, die er sich selbst gibt, auf den Schwingen der Phantasie in eine neue Welt emporzuheben und hier zu einem Gebilde aus Einem Guss zu verknüpfen, wenn seine erzeugende Thätigkeit darauf beschränkt bleibt, Objekte der Wirklichkeit mit ebenfalls der Wirklichkeit entnommenen Epithetis zu schmücken — dann freilich kann die Lehre nicht befremden, dass den Produkten der Einbildungskraft ebenso wie den Vorstellungen überhaupt eine Bejahung oder Existenzaussage innewohnen soll. Allein selbst das künstlerisch nachempfindende Bewusstsein stellt die von Hesiod und Ovid geschaffene Phantasiegestalt des Quellrosses Pegasus sich nicht auf so hausbackene Weise vor, dass es zuerst das Bild des Pferdes sich vergegenwärtigt, dann die Vorstellung von Flügeln, welche es ihm zuspricht, sondern als untrennbare Gesammtvorstellung, als Verkörperung einer Idee.

Es ist eine psychologische Grundthatsache, dass den Menschen zunächst nicht das Sein der Dinge, sondern ihr

---

* Quid aliud est equum alatum percipere, quam alas de equo affirmare? Si enim mens præter equum alatum nihil aliud perciperet, eundem sibi præsentem contemplaretur, nec causam haberet ullam dubitandi de eiusdem existentia (Eth. a. a. O.).

Etwassein, nicht die Dinge, sondern ihre Eigenschaften interessiren. Denn die Unterscheidung dieser beiden Momente im Vorstellungsmechanismus setzt bereits einen gewissen Fonds dauernder Erinnerungsvorstellungen voraus, wie er bei einem Kinde, dessen geistige Thätigkeit sich in der Auffassung gegenwärtiger qualitativ bestimmter Vorstellungen erschöpft, nicht zu finden ist. Die dem entwickelten Bewusstsein so geläufige Trennung von Ding und Eigenschaft ist dem ersten Stadium der kindlichen Entwicklung unbekannt, diese beiden Seiten der Sache verschmelzen vielmehr bei ihm zu einer ungetheilten Gefühlswirkung.

Daraus erklärt sich folgende Erscheinung. Während der Erwachsene auf Grund seiner durch die Erfahrung erworbenen Kenntnisse weiss, dass ein Gegenstand, welcher auf diesen oder jenen Sinn unangenehm wirkt, zu diesem oder jenem Zweck unbrauchbar ist, doch auf einen andern Sinn angenehm wirken, für einen andern Zweck brauchbar sein kann, und er deshalb den Gegenstand nicht beiseite wirft, sondern nur beiseite stellt, so ist dem ganz unter dem Eindruck des Augenblicks stehenden Kinde eben dieser momentane Sinneseindruck der Repräsentant des Dinges in seiner Totalität. Der Erwachsene sieht in einem schönen und kostbaren Bilde nur den Zweck ästhetischen Genusses und sucht dasselbe vor allen andern Verwendungen, zu denen es vermöge seines Materials allenfalls tauglich wäre, sorgsam zu bewahren. Das Kind lässt sich durch dessen Farben anziehen, um im nächsten Augenblick durch Zerreissen eine Probe seiner Festigkeit zu machen. Für die Erkenntnis des Kindes folgt aus diesem gänzlichen Aufgehen in der Gegenwart, dass ihm bei seiner Geistesthätigkeit jedes Kriterium der Wahrheit abgeht. Wahrnehmungen wie Vorstellungen überhaupt gelten im Augenblick des Auftauchens vor dem Bewusstsein nach der kindlichen Logik der Selbstverständlichkeit als Correlate real existirender Dinge; verschwinden sie aus dem Bewusstsein, dann ist auch jede Spur von ihnen verschwunden. Die Welt ist dem Kinde in jedem Augenblick so, wie sie sich in eben diesem Augenblick darstellt; es kennt nur eine Welt des Soseins, nicht eine Welt des Andersseins.

So in der ersten Zeit des kindlichen Daseins. Bald jedoch treten Vorgänge zu Tage, welche nur durch Association und Reproduktion erklärbar sind. Im weiteren Verlauf seiner Entwicklung merkt das Kind, dass mancher Vorstellung, die es als selbstverständlich hinnahm, ein dauerndes Gegebensein nicht zukommt, und dieses negative erkenntnistheoretische Moment wird mit derartigen Vorstellungen fortan verbunden bleiben. Aus der Summe der Erscheinungsweisen eines und desselben Dinges schlägt sich allmählig der erste Grundstock einer konstanten Form im Bewusstsein nieder: als Dauerndes im Wechsel, als Ding im Gegensatz zu den Eigenschaften. Das Kind erlangt die Fähigkeit, den sinnlichen Repräsentanten dieser begrifflichen Vorstellung in der Wahrnehmungswelt wiederzuerkennen: so entsteht das Benennungs- oder Recognitionsurtheil. Die Ursache des Wechsels der Erscheinung eines und desselben Dinges sucht es in der Verschiedenartigkeit seiner Eigenschaften; mit andern Worten: es kommt ihm die Kategorie der Inhärenz zum Bewusstsein und diese findet ihren Ausdruck im Attributivurtheil. Endlich gewahrt das Kind, dass nicht nur die Erscheinungen wechseln, sondern dass auch manchem Ding und mancher Eigenschaft, welchen es eine selbstverständliche Beziehung auf die Wahrnehmung zuschrieb, in Wahrheit das wahrnehmbare Gegenbild fehlte; so entsteht als neue psychische Funktion die des Existentialsatzes, dessen Inhalt für diese Stufe auf Aussagen über Wahrnehmbarkeit oder Nichtwahrnehmbarkeit dem Sinne nach beschränkt bleibt. Der Existentialsatz ist sonach ein Ausfluss des menschlichen Wahrheitsstrebens und ein Prohibitivmittel des Irrthums und hat dem Vorstellungsmechanismus, wenn er Gefahr läuft, der momentanen Anschauung zu viel nachzugeben, die Strenge des Denkens entgegenzuhalten.

Aus dieser psychologischen Betrachtung geht hervor, dass die Existenz — im Gegensatz zu Spinoza — nicht jedem Bewusstseinsinhalt als solchem unmittelbar innewohnt, sondern das Ergebnis einer hinterherkommenden besonderen Bewusstseinsfunktion ist; m. a. W. der Existenzbegriff ist ein Reflexionsprädikat. Da dem Subjekt der Gegensatz von erinnerbarer Vorstellung und Wahrnehmung zum Bewusstsein gekommen, handelt es sich im Existentialsatz nicht mehr um Unterscheidung naiv hinzugenommener Qualitäten, wie in den bisherigen Urtheilen von der Form: dies ist ein sosciendes Ding, sondern die neue Funktion hat den neuen Zweck, über die objektive Realität der Träger dieser Eigenschaften zu entscheiden. Wenn der Existentialsatz in der Bestimmtheit, welche er im kindlichen Bewusstsein erlangt hat, blos eine Etappe auf dem Forschungswege nach Wahrheit ist, so zeigt er doch schon ein besonders philosophisches Gepräge, weil er hinter dem Sosein der Erscheinung das Kriterium des Seins überhaupt sucht; er ist ein Produkt des Zweifels am Selbstverständlichen. Den Fragen nach dem Wie und dem Dass setzt er die Frage nach dem Ob entgegen, und später soll die nach dem Woher folgen.

Ist der Existentialsatz eine kritische Funktion, so ist damit nicht gesagt, dass er die ursprüngliche Funktionsweise des Bewusstseins, welche die Voraussetzung seiner Thätigkeit bildet, in allen Fällen stören oder einengen müsste. Das gereiftere populäre Bewusstsein verändert auch nach dem Entstehen des wesentlich anders gearteten Existentialsatzes im Grunde keineswegs den Bestand des kindlichen Unterscheidungsurtheils, sondern das Attributivurtheil von der Form „S ist P" bedeutet in dieser ausdrücklichen und entwickelten Form nichts anderes als die Analysis jener ursprünglichen mehr gefühlsmässigen Bewusstseinsfunktion. Das Bewusstsein zerlegt das in der Anschauung gegebene Beziehungsverhältnis in seine zwei Bestandtheile, nämlich in den für den Sprechenden selbstverständlichen des Dinges, als des Trägers der Eigenschaft, und in den für die Erkenntnis neuen, den der Eigenschaft. Das frühere unmittelbare Beziehungsverhältnis zum Bewusstsein wird auf diese Weise — es liegt dies in der Natur des letzteren, denn das Bewusstsein trennt, um zu verbinden — zum Beziehungsverhältnis seiner beiden Faktoren unter einander. Entscheidet der Existentialsatz über die Art des Gegebenseins eines geschlossenen Vorstellungskomplexes, eines Bewusstseinsausschnittes von Beziehungen, so handelt es sich im Attributivurtheil um die qualitative Abgrenzung schlechthin gegebener Vorstellungscomplexe.

Der psychogenetische Entstehungsprocess des Attributivurtheils lässt sich etwa in folgender Weise schematisiren. Das Urtheil „Die Rose ist roth" hat folgende Vorstufen: 1. Was mir anschaulich gegenüber ist, stellt sich dar als etwas Rothes oder als ein (angenehm wirkendes) rothes Ding. 2. Das rothe Ding heisst Rose; durch seine Umgebung ist dem Kinde der Name des Dinges beigebracht worden, an welchen sich die Unterscheidung von Ding und Eigenschaft anknüpft. 3. Die Rose ist ein rothes Ding*. 4. Die Rose ist roth. Die Eigenschaften werden einerseits, sofern sie wechseln, als das an den Dingen wechselnde und anderseits, sofern sie constant bleiben, sie von einander unterscheidende erkannt.

Ein analoger Werdegang lässt sich aufzeigen bei denjenigen Attributivurtheilen, deren Prädikatsnomen ein Substantiv von allgemeiner Bedeutung ist, wie Mensch, Vogel u. ä. Derartige Urtheile finden nicht nur ihre psychologische Erklärung, sondern auch ihre logische Bedeutung in dem Streben des Menschen, die einfache Prädikation in eine Subsumption zu verwandeln, d. h. den Subjektsbegriff als Exemplar einer Gattung zu fassen. Das Entscheidende liegt hier in der Thatsache, dass die Allgemeinbegriffe ursprünglich nicht Abstraktionen, nicht Gattungsmerkmale, sondern Namen für

---

* Welche von beiden (2. oder 3.) zuerst stattfindet, involvirt keinen logischen, sondern nur einen psychogenetischen Unterschied.

konkrete, in ihrer Erscheinungsweise gleichartige Objekte sind, wie ja das gewöhnliche Bewusstsein vielfach, nach einem Gattungsbegriff befragt, mit der Aufzählung von dessen empirischem Umfange antwortet*.

Die Einsicht in die Verschiedenheit von Attributivurtheil und Existentialsatz lässt klar erkennen, dass die Frage nach der Existenzbedeutung der Copula falsch gestellt ist, und dass es methodisch ganz verkehrt ist, wenn Brentano (Psychol. v. emp. Standpunkt, Leipzig 1874, p, 283) aus der Bedeutungslosigkeit der Copula die Bedeutungslosigkeit des Existenzwortes folgern will. Die wesentlich als grammatische Flexionsform zu erklärende Copula hat mit dem sprachlich gleichlautenden Seins- bezw. Existenzwort der kritischen Funktion des Existentialsatzes nichts als den Namen gemein. Aber woher, könnte man fragen, diese Gemeinsamkeit des Namens, sollte diese rein zufällig sein? Darauf wäre zu erwidern: Die Funktion des Existentialsatzes ist insofern auch für das Attributivurtheil nicht fruchtlos geblieben, als letzteres 1. meist auf solche Gegenstände zielt, deren Realität in der Rede vorausgesetzt wird (vgl. Sigwart Log. p. 126 f.) 2. auch in den Fällen, wo diese Voraussetzung auf den ersten

---

* Wie allgemein menschlich dieser Zug von Verwandlung der Prädikation in Subsumption ist, zeigt sich auch an Beispielen der entwickelten Sprache, so in Sätzen wie: es ist etwas Schweres, in den Wechselfällen des Lebens stets Gleichmuth zu bewahren, statt: es ist schwer etc. Das Urtheil: dies ist ein Rother, statt: dieser ist roth, zeigt eine eigenartige Vermischung der zwei eben behandelten Entwicklungsgänge. In dem Satze: Dies ist Franz, verlangt der Begriff der Identität des Individuums mit sich selbst eine Abgrenzung der Gesammtheit seiner Merkmale gegen die Gesammtheit der Merkmale eines andern, schliesst also eine Entwicklung im obigen Sinne von vornherein aus. — Zum Schlusse mag hier nicht unbemerkt bleiben, dass der gegenwärtige Sprachgebrauch überhaupt die in Rücksicht auf die logische Auffassung des Urtheils bedenkliche Tendenz zeigt, die subsumtive Prädikatsform an die Stelle der rein prädikativen zu setzen, z. B. die Wirkung dieses Dramas ist eine erhebende, statt . . . ist erhebend.

Blick nicht zuzutreffen scheint, doch für seine Prädikation einer Norm der Geltung bedarf, und diese Norm gibt ihm der Subjektsbegriff durch sein Bezogensein auf eine gewisse Realität, welche jedoch nicht, wie Sigwart die Existenz auffassen will (vgl. unten), auf die ausserpsychische der Wahrnehmbarkeit beschränkt bleibt. In dem Satze „der Pegasus ist geflügelt" liegt die Realität des Subjektsworts nicht in der Wahrnehmbarkeit wie etwa bei Pferd, Löwe u. ä., sondern in der historisch beglaubigten Thatsache, dass jene Vorstellung ein Bestandstück des Bewusstseins des hellenischen Volkes war. Diese stete Beziehung auf eine Realität mag psychologisch für die Wahl gerade dieses „Formelements" entscheidend gewesen sein. Möglich auch, dass die Thatsache, dass die verschiedenen Existenzarten (vgl. unten) in der Regel ihren logisch und erkenntnistheoretisch indifferenten und sprachlich gleichlautenden und kurzen Ausdruck in Sätzen von der Form „S ist" finden, dazu verleitet hat, in dem „Ist" eine Beziehung schlechthin zu finden und in gleicher sprachlicher Einförmigkeit das Verhältnis von Subjekt und Prädikat im Attributivurtheil auszudrücken. Diese sprachliche Auffassung der Sache würde auch ein erklärendes Licht werfen auf jene „Inhaltlosigkeit" des Verbums Sein, von der Sigwart (Logik, I², Freiburg, 1889, p. 127) spricht, und welche rein logisch betrachtet nicht recht einleuchten will.

Wie dem auch sei, Thatsache ist jedenfalls, dass dem entwickelten Bewusstsein, wenn es ein Attributivurtheil ausspricht, von all' diesen Erwägungen, soweit es auf die Copula ankommt, nichts gegenwärtig ist, dass überhaupt die Copula im Gegensatz zum Seinsverbum weder logisch noch sprachlich-inhaltlich, sondern nur grammatisch-formell zu beurtheilen ist. Ist somit die Copula grammatisch eindeutig, von andern Gesichtspunkten her aber überhaupt nicht zu deuten, so liegt in dem Umstand, dass das Subjekt des Attributivurtheils bald ein wahrnehmbarer Gegenstand ist wie Delphin in dem Urtheil „der Delphin ist ein Säugethier", bald eine blose Vorstellung wie Pegasus in dem Urtheil „der Pegasus ist geflügelt", absolut keine Inkonsequenz für die Funktionsweise der Copula; man hat daher keine Veranlassung mit J. St. Mill von einer „Zweideutigkeit"* der Copula zu reden, weil letzterer ja überhaupt eine auf die Existenzweise des Subjektsworts rückwirkende erkenntnistheoretische Bedeutung nicht beiwohnt. Wir können zum Schlusse — mit der angedeuteten Einschränkung — Sigwart zustimmen, wenn er sagt: „Das Urtheil „der Pegasus ist geflügelt" lässt thatsächlich die Existenz für denjenigen unentschieden, der nicht weiss, ob er es mit dem Namen eines wirklichen oder eines fingirten Wesens zu thun hat; ... nirgends aber ist darüber anderswo etwas abzunehmen als aus der Bedeutung der Wörter, sei es der Subjekts- oder Prädikatswörter." (a. a. O. p. 124 f.). „Nirgends hat ein Urtheil von der Form A ist B dadurch, das Subjekt und Prädikat durch „Ist" verknüpft sind, die Kraft, das Urtheil „A existirt" einzuschliessen und mitzubehaupten; in vollkommen gleicher Weise fungirt dieses „Ist", ob von existirenden oder nichtexistirenden Dingen, ob von einzeln vorgestellten oder allgemein gedachten Subjekten, ob von Prädikaten die Rede ist, die einem existirenden zukommen können, oder von solchen, welche durch ihre Bedeutung die Existenz aufheben" (a. a. O. p. 120 ff.). „In dem Urtheile „Gold ist gelb" kommt gelb demjenigen zu, was ich unter dem Subjektswort vorstelle; der Satz behauptet aber nicht das Sein eines einzelnen Dinges" (a. a. O. p. 125). „In dem Urtheil „Zinnober ist roth" fügt das Verbum Sein dem Sinne nach nichts hinzu, was nicht schon in „roth" der Wortgattung nach läge. „Rothsein" sagt nicht mehr als „roth", Rothes und Rothseiendes als Conkreta, Rothsein und Röthe als Abstrakta sind schlechterdings dasselbe; es wird nur ausdrücklich angedeutet, dass „roth" nicht für sich abstrakt gedacht, sondern von einem bestimmten Subjekt prädizirt

---

* System der deduktiven und induktiven Logik I, p. 81 ff. (Schiel, 4. Aufl.).

werden soll... So ist auch Mensch und Menschsein dem Sinne nach dasselbe" (p. 118 ff.)*.

Es zeigt sich also als psychologisches und logisches Ergebnis dieses Abschnittes Folgendes: Erst allmählig lernt das Kind unterscheiden zwischen Vorstellung und realem Gegenstand und zwar zunächst zwischen immanenter Vorstellung und wahrgenommener Vorstellung. So ergibt sich die wesentlich auf praktischer Erfahrung beruhende erkenntnistheoretische Scheidung der seienden Dinge von Nichtseiendem schlechthin, des Seienden vom Eingebildeten. Allein die Entwickelung schreitet noch weiter. Die Daten der Wahrnehmung genügen dem Verstande für die Dauer nicht; er sucht die Vielgestaltigkeit und Veränderlichkeit der seienden Dinge auf einheitliche Formen zu bringen. So entsteht der Begriff des Wesens oder des wahren Seins im Gegensatz zum falschen Sein. Erreicht zu haben glaubt der Intellekt diese seine Forderung im Begriffssystem der einzelnen Wissenschaften. Sein, Sein und Nichtsein, wahres Sein und falsches Sein sind die Etappen, in welchen sich der Reihe nach die logisch-erkenntnistheoretische Entwicklung des Existenzbegriffs im Bewusstsein darstellt. Die erste Etappe ist, weil rein psychologisch zu beurtheilen, logisch und erkenntnistheoretisch indifferent; die zweite hat ihren Schwerpunkt in der Beziehung zur Sinnlichkeit, im räumlich-zeitlichen Gegebensein; die dritte in der Selbstthätigkeit des Denkens. Dieser schematischen Zeichnung entspricht in Grossen und Ganzen — natürlich in ungleich complizirteren Verhältnissen und schärferer Zuspitzung der Gegensätze — der Entwicklungsgang dieser Frage in der Geschichte der Philosophie.

---

* Ähnlich nennt Mill die Copula ein „als Zeichen der Prädikation dienendes Wort" (vgl. a. a. O.). — Consequenter Weise macht Sigwart (p. 124 Anm) darauf aufmerksam, dass auch eine ausdrückliche Betonung der Copula (wie in dem Beispiel A ist der Thäter) die Existenz des A nicht im mindesten berührt.

b) Der Existenzbegriff in der Geschichte der Philosophie.

Gleich die Anfänge der griechischen Philosophie sind darauf gerichtet, eine Weltansicht zu erwerben, die Verschiedenartigkeit der Dinge der Aussenwelt mit den Forderungen des Denkens in Einklang zu bringen, mit einem Wort, die Aussenwelt zu begreifen. Hierin zeigt sich, wie oben ausgeführt, zunächst ein allgemein-menschlicher Zug in der Entwicklung des Bewusstseins, nämlich das Streben hinter der Welt des Soseins die des Seins zu suchen, und es lag in der Natur der Sache, dass das Denken ein erkenntnistheoretisches Übergewicht bekommen musste über die gewöhnlichen Vorstellungen des wahrnehmenden Bewusstseins. Dieses allgemein-menschliche psychologische Grundverhältnis fand seine schärfste metaphysische Ausprägung bei den Eleaten. Allein dadurch dass ihre Philosophie die Abstraktion der Raumerfüllung für das einzige und wahre Sein erklärte, liess sie sich in jugendlicher Überstürzung zu dem Fehlschluss verleiten, dass die sinnenfällige Welt überhaupt nicht existire und konstatirte so den absoluten Gegensatz von einer Welt des Seins und einer Welt des Scheins. Wie das ganz in der Wahrnehmung befangene kindliche Bewusstsein, wenn es einmal zur Unterscheidung von Sein und Nichtsein gelangt, ersteres ausschliesslich den wahrnehmbaren Dingen zuschreibt, ähnlich führte die noch in den Kinderschuhen steckende philosophische Spekulation zu einer Überschätzung des Denkens, und da die eleatischen Philosopheme durch diese logische Einseitigkeit sich selbst der Möglichkeit eine Welterklärung zu liefern begaben, so wird es begreiflich, wie Protagoras bezüglich der Verstandeserkenntnis einen absoluten Skepticismus vertreten und die nur subjektiv gültigen Sinnesqualitäten für die einzige Quelle des Wissens erklären konnte. Vereinigt und einer Prüfung unterzogen finden wir all' diese vorsokratischen Denkmotive in jenem platonischen Dialog, welcher so recht das nie befriedigte Ringen des Menschengeistes nach Wahrheit vorführt, im Theätet. Hier erfährt die populäre und in ihren Grundzügen auch von den Eleaten vertretene Annahme, dass ein Nichtseiendes Vorstellungsinhalt sein könne, ihre Anfechtungen. Ἀλλὰ μὴν ὅτε μηδὲν δοξάζων τὸ παράπαν, οὐδὲ δοξάζει... Ἄλλο τι ἄρ' ἐστὶ τὸ ψευδῆ δοξάζειν τοῦ τὰ μὴ ὄντα δοξάζειν (vgl. 188 D; 189 B). Man sieht, dass Platon das Nichtseiende, welches noch die Atomisten als erklärende Voraussetzung ihrer physikalischen Theorie ohne logische Begründung angenommen hatten, logisch zu begreifen sucht. Derjenige, wird weiter ausgeführt, welcher einen Irrthum begehe, habe nicht Nichtseiendes vorgestellt, möge man unter letzterem ein Einzelding oder einen Gattungsbegriff verstehen. Denn wie der, welcher etwas höre oder betaste, etwas Seiendes und zwar etwas bestimmtes Seiendes höre oder betaste, so habe jede Vorstellung ihren bestimmten Inhalt. Der Irrthum bestehe vielmehr in einer Verwechslung von Vorstellungs- und Wahrnehmungsbildern oder von Vorstellungsbildern unter einander, was Platon im Einzelnen durch die berühmten Gleichnisse von der Wachstafel und dem Taubenschlag illustrirt. Mehr dialektisch gewendet erscheint diese Frage im „Sophisten". Hier wird gezeigt, dass man das Nichtseiende nicht aussprechen, ja nicht einmal bestreiten (ἐλέγχειν) könne, ohne dass man demselben Prädikate des Seienden, also Widersprechendes beilege. Und dieser Dialog fasst das Resultat über τὸ μὴ ὄν in die Worte zusammen: φαμὲν δέ γε δεῖν, εἴπερ ὀρθῶς τις λέξει, μήτε ὡς ἓν μήτε ὡς πολλὰ διορίζειν αὐτό, μηδὲ τὸ παράπαν αὐτὸ καλεῖν· ἕν τι γὰρ ἤδη καὶ κατὰ ταύτην ἂν τὴν πρόσρησιν προσαγορεύοιτο (239 A).

Wie überhaupt in seiner Philosophie gestaltete sich für Platon auch in dieser Frage das metaphysische Problem von vornherein nach dem ethischen Postulat, es müsse Wahrheit geben; die Begriffe des Seins oder Nichtseins werden identifizirt mit denen des Wahrseins und Falschseins. Wenn man einmal naiv der Überzeugung lebt, dass immanente Vorstellungen das transscendente Sein der Dinge erfassen, aber dabei die Einsicht gewonnen hat, dass die Sinneswahrnehmung und die Verbindung ihrer Elemente im beziehenden Denken (δόξα ἀληθὴς μετὰ λόγου, Theät. 201 E) irrthumslose Wahrheit nicht garantiren können, so ist es nur ein weiterer Schritt auf derselben Bahn, und es bedurfte dazu nur des idealen Sinnes Platons, dass er das wahre Sein der Dinge für unsere Erkenntnis in einem von den Sinneseindrücken unberührt gebliebenen Bewusstseinsakt, in einem Wiederschauen der Ideen, zu finden glaubte. Das Wissen von diesen ewigen Seinswahrheiten konnte, sowie es unabhängig von der Erfahrung zu Stande kam, auch die Controle seiner Richtigkeit nicht in der Erfahrung suchen. Einzig die Erhabenheit des Inhalts bürgt dem Denken dafür, dass ihm ein reales Gegenbild entspricht. So entstand der grosse Gegensatz zwischen Sinnes- und Verstandeserkenntnis, zwischen der Welt der seienden Dinge und des wahren Seins, ein Gegensatz, welchen die spätere Zeit begrifflich vertiefte und zur Grundlage ihrer religiösen Metaphysik machte. Die Stufen der Nothwendigkeit des Vorstellens werden identifizirt mit denen metaphysischer Priorität (vgl. Windelband, Gesch. d. Philos. p. 238), die Welt des Seienden geräth in ein erkenntnistheoretisches und metaphysisches Abhängigkeitsverhältnis von der Welt des Seins. Am deutlichsten und am folgenschwersten zeigt sich diese philosophische Grundansicht im ontologischen Beweise vom Dasein Gottes, welcher lehrt, dass dem Begriff Gottes, als des allerrealsten Wesens, die Existenz als Merkmal inhärire. Alles, was sonst seiend heisst, trägt seine Existenz nicht in sich, sondern leitet sich in absteigender Reihenfolge von Gott her.

Diese Erkennbarkeit des Übersinnlichen und zugleich der äusserpsychischen Realität überhaupt wird zuerst zum Problem bei den Stoikern. Nicht mehr ausschliesslich Sinnenerkenntnis und Verstandeserkenntnis, sondern vor allem Bewusstsein und Aussenwelt, Körperlichkeit und unkörperlicher Vorstellungsinhalt (vgl. Windelband, a. a. O. p. 156 f.) sind die Gegensätze, welche den erkenntnistheoretischen Studien dieser Schule die Motive lieferten. Den Angelpunkt ihrer Untersuchungen bilden die Erörterungen über die φαντασία καταληπτική. Es handelt sich hiebei um die Controverse, ob das verbale Adjektiv dieser Verbindung aktiven oder passiven Sinn habe, m. a. W., ob das Kriterium der Wahrheit wesentlich eine Selbstthat des Geistes oder lediglich ein Ergriffenwerden desselben von der Wirklichkeit darstelle. Die Resultate der Forschungen neuesten Datums zeigen eine entschiedene Neigung — wie mir scheint, mit Recht — den ersten Theil der Frage zu bejahen. Nach den überzeugenden Darlegungen Bonhöffers* (Epiktet und die Stoa, Stuttg. 1890, p. 288 ff.), der seine Ansicht mit Glück gegen Zeller und Stein vertheidigt, dürfte sich die Sache bei den Stoikern so stellen: Das Wort κριτήριον wird von diesen bald in objektiver bald in subjektiver Bedeutung gebraucht. Als objektive Kriterien figuriren αἴσθησις und λόγος (oder die πρόληψις διηρθρωμένη). Sie sind κανόνες, μέτρα, also Erkenntnis*mittel*. Obgleich sie ursprünglich Thätigkeiten, theils der Sinnlichkeit, theils des Verstandes, sind, hat sie der letztere sich selbst als substantielle Normen gegenübergestellt. Da nun in der Conformität der Wirklichkeit mit diesen objektiven Massstäben die wahre Erkenntnis besteht, so setzt letztere das Anlegen des Massstabes voraus, und das positive befriedigende Ergebnis hieraus ist die φαντασία καταληπτική. Dieselbe ist also das subjektive Kriterium, „der subjektive Reflex der thatsächlich stattgehabten Prüfung", sie ist ein Erkenntnis*zeichen*. Da oftmals wegen der zeitlichen Coincidenz der beiden Faktoren eine reale Unterscheidung unmöglich ist, übersieht man den freien Akt in der kataleptischen Vorstellung, die συγκατάθεσις, und die menschliche Erklärungsweise nimmt das in die Sinne fallende, passiv gegeben scheinende Wahrnehmungsbild fälschlich als Inbegriff der Wahrnehmung.

---

* Zu ähnlichem Ergebnis gelangt Windelband a. a. O. p. 163 f.

Das stoische Problem verschwindet hierauf, von andern Denkantrieben in den Hintergrund gedrängt, für viele Jahrhunderte von der Bildfläche, bis in die Zeiten des mittelalterlichen Nominalismus und Terminismus. Nachdem dann die grossen metaphysischen Systeme eines Descartes und Spinoza und verwandter Richtung sich mit der Überwindung jenes Dualismus vergebens abgemüht, wurde derselbe durch den englischen Empirismus auf seine psychologische Form gebracht. In der von dem Nominalismus und dem Terminismus vorgezeichneten Bahn weiter schreitend, gelangt Hume, wie vor ihm bereits Locke, zu dem Ergebnis, dass keine Behauptung über die Aussenwelt demonstrirbar sei, also auch die Existenz nicht analytisch bewiesen werden könne.

In eine ganz andere Phase gelangte die Entwicklung dieser Frage durch Kant. Auch er hält es dem Realismus des Mittelalters und der dogmatischen Philosophie seiner unmittelbaren Vorgänger gegenüber mit Hume, dass die Existenz nicht demonstrirbar sei. Schon in der Nova dilucidatio (sect. II, propos. VI, WW I, p. 375, Hartenstein) warnt er vor der Verwechslung der notio entis mit ens und erklärt den Satz: existentiae suae rationem aliquid habere in se ipso, für falsch. Doch bleibt er bei der einfachen Negation nicht stehen, sondern zeigt schon in dieser Schrift, dass es einer Demonstration gar nicht bedürfe, da die Existenz ein schlechthin Gegebenes sei: Existit, hoc vero de eodem et dixisse et concepisse sufficit. Diesem Standpunkt ist er auf der Höhe seiner Entwicklung treu geblieben, wenn auch dessen Begründung an Selbständigkeit und Originalität gewonnen hat. „Sein", heisst es in seinem Hauptwerk, „ist blos die Position eines Dinges oder gewisser Bestimmungen an sich selbst.... Nehme ich das Subjekt Gott mit allen seinen Prädikaten zusammen und sage: Gott ist, oder es ist ein Gott, so setze ich kein neues Prädikat zum Begriffe von Gott, sondern nur das Subjekt an sich selbst mit allen seinen Prädikaten und zwar den Gegenstand in Beziehung auf meinen Begriff'. Beide müssen genau einerlei enthalten, und es kann daher zu dem Begriffe, der blos die Möglichkeit ausdrückt, darum, dass ich dessen Gegenstand als schlechthin gegeben denke, nichts weiter hinzukommen. Und so enthält das Wirkliche nichts mehr als das blos Mögliche. Hundert wirkliche Thaler enthalten nicht das Mindeste mehr als hundert mögliche . . . . Aber in meinem Besitzstande ist mehr bei hundert wirklichen Thalern als bei dem blossen Begriffe derselben (d. i. ihrer Möglichkeit)" (Krit. d. r. V. p. 472 f., Kehrbach). Das Sein ist also offenbar kein reales Prädikat, d. i. ein Begriff von irgend etwas, was zu „dem Begriffe eines Dinges hinzukommen könne". Es enthält als Prädikat keine Bestimmung, welche „über den Begriff des Subjekts hinzukommt und ihn vergrössert", ist also in diesem Sinne kein synthetisches Prädikat. Der Existentialsatz ist aber darum nicht etwa ein analytisches Urtheil; denn setze ich einen Triangel und hebe die drei Winkel desselben auf, so habe ich ein widerspruchsvolles analytisches Urtheil; „aber den Triangel sammt seinen drei Winkeln aufheben, ist kein Widerspruch. Gerade ebenso ist es mit dem Begriffe eines absolutnothwendigen Wesens bewandt . . . . Wenn ihr sagt, Gott ist nicht, so ist weder die Allmacht, noch irgend ein anderes seiner Prädikate gegeben, denn sie sind alle zusammt dem Subjekte aufgehoben, und es zeigt sich in diesem Gedanken nicht der mindeste Widerspruch" (a. a. O., p. 470). Das Verhältnis von Subjekt und Prädikat im Existentialsatz ist sonach kein analytisches nach dem Satze des Widerspruchs zu beurtheilendes, sondern ein synthetisches; das Prädikat setzt „den Gegenstand in Beziehung auf meinen Begriff"*.

Vom Sein gilt also das, was nach Kant von den Kategorien der Modalität überhaupt gilt: dass sie den Begriff, dem sie als Prädikate beigefügt werden, als Bestimmung des

---

* Vgl. zu der ganzen Frage auch die Abhandlung Kant's: Der einzig mögliche Beweisgrund zu einer Demonstration des Daseins Gottes (WW. II, p. 115 ff., Hartenstein).

Objekts nicht im Mindesten verwehren, sondern nur das Verhältnis zum Erkenntnisvermögen ausdrücken (a. a. O., p. 202). Der Inhalt des Begriffs wird durch das Existenzprädikat nicht berührt; aber die Stellung dieses Inhalts zum erkennenden Bewusstsein wird dadurch eine wesentlich andere, dass das Existenzprädikat zu dem gedanklich immanenten Beziehungsverhältnis eines Gedankendings zum Bewusstsein noch das der Anschauung in der wahrnehmbaren Wirklichkeit fügt, also zum Gedachten den sinnlichen Repräsentanten. Kant hat der dogmatischen Philosophie die Thatsache vor Augen gestellt, dass sie auf der Höhe ihrer Spekulation trotz der grossen Energie des Denkens doch schliesslich demselben Fehler und mit der gleichen Naivität verfallen sei, wie das kindliche Bewusstsein, welches eine Wahnvorstellung für real hält. Die Kant'sche Philosophie hat den in der Welt des „transscendentalen Scheins" umherirrenden Geist jählings zurückgeworfen auf den einzig wahren Ausgangspunkt jeglicher Forschung, auf die Welt der Anschauung. Seine dogmatischen Vorgänger hatten das Hysteronproteron begangen „aus der abstrakten Vorstellung die anschauliche entspringen zu lassen, während in Wahrheit alle abstrakte Vorstellung aus der anschaulichen entsteht" (Schopenhauer, Fragmente zur Gesch. d. Philos. § 12 in Parerga u. Paral. I).

Weder Wahrnehmung allein, noch die Verstandesbegriffe allein, noch ihre Verbindung vermag — so lässt sich die Stellung Kant's dem Sensualismus und Rationalismus seiner Vorzeit gegenüber präcisiren — die Aussenwelt unmittelbar zu erfassen; doch gewährt ihre Verbindung — und damit müssen wir uns begnügen — wenigstens eine widerspruchslose Auffassungsweise.

II.
Die logische Bedeutung des „Ist" im Existentialsatz.

Kant hat also, wie die angeführten Stellen beweisen, ein für allemal gezeigt, dass das Existenzwort zwar kein Merkmal aus dem Subjektsbegriff heraushebt, bezw. demselben zufügt, dass dasselbe aber nichtsdestoweniger ein Prädikat ist und zwar, weil es „ein Verhältnis zum Erkenntnisvermögen" ausdrückt, ein modales Prädikat.

Offenbar als eine Überspannung dieser rein logischen Bedeutung des Existenzprädikats erscheint es, wenn Schuppe (vgl. Erkenntnisth. Logik, Bonn, 1878, p. 502 ff. und Zeitschr. für Völkerpsychol. u. Sprachw. XVI (1886), p. 249 ff.) letzteres für eine Gattung erklärt. Dieser Logiker stellt sich (Log. p. 506) die Frage, was denn im Existentialsatze dem Subjektsbegriff hinzugefügt werde und gibt darauf die Antwort: „die ausgesagte Existenz wird in der Weise der Subsumption als eine Gattung des Subjektsbegriffs ausgesagt". Abgesehen davon, dass es gar keinen Sinn hat, Verschiedenartiges (wie Tugend, Fleisch, Baumaterial) unter einen allgemeinen Begriff, also auch unter den des Seins zu subsumiren*, würde diese Lehre einen Rückfall in den Eleatismus und Spinozismus bedeuten; denn das Sein des Parmenides und die Substanz Spinoza's waren ja in logischem Betracht nichts anderes als das letzte und höchste Allgemeinprädikat der Dinge. Wir müssen die Merkmaltheorie nicht blos halb, sondern vollständig aufgeben; es wird im Existentialsatz überhaupt nichts „hinzugefügt", weder ein sachliches noch ein logisches Merkmal.

---

* Allerdings denkt man, wenn man von dem Seienden, d. h. der Welt als dem Inbegriff aller Dinge redet, an das Verschiedenartigste. Allein hiebei handelt es sich um „das als seiend Beurtheilte oder zu Beurtheilende", also um das Subjekt, nicht, wie überall in dieser Untersuchung, um das Prädikat (vgl. auch Rickert, in der vor kurzem erschienenen Schrift: Der Gegenstand der Erkenntnis, Freiburg, 1892, p. 82).

An einer andern Stelle desselben Werkes (p. 634) ist Schuppe anderer Ansicht. Hier heisst es: „Der blose Begriff Existenz ist überhaupt gar keine eigentliche Gattung, ist als solche gar nicht verwendbar, sondern erhält Sinn und Verwendbarkeit erst durch die, meist selbstverständliche und deshalb nicht beachtete, ergänzende spezifische Bestimmung, als die und die Existenzart. Es scheint mir keinem Zweifel unterworfen zu sein, dass das Prädikat „Existenz" einem Subjekte nur beigelegt werden kann in der Reflexion auf das, was im Subjekte schon enthalten vorgefunden wird*," — eine Auffassung, welche sich mit der unserigen sehr nahe berührt, im übrigen aber über eine rein logische Betrachtung bereits hinausweist (vgl. unten).

Die negative Seite der Kant'schen Lehre verfolgt einseitig Brentano. Kant hat dem Seinswort den Charakter der Aussage eines Merkmals abgesprochen; Brentano erscheint — trotz Kant — Merkmalaussage und Prädikation für identisch, und da er das Merkmal Existenz logisch nicht zu rechtfertigen weiss, wagt er den Schritt über Kant's „unklare und widerspruchsvolle Halbheit" hinaus: er leugnet den logischen Wert des Existenzwortes und lehrt, Sein ist kein Prädikat. „Wenn wir sagen," wird hier gelehrt (Psychol. p. 276 ff.), „A ist," so ist dieser Satz nicht, wie viele glauben, eine Prädikation, in welcher die Existenz als Prädikat mit „A" als Subjekt verbunden wird. Nicht die Verbindung eines Merkmals „Existenz" mit „A" sondern „A" selbst ist der Gegenstand, den wir anerkennen." Um klar darüber zu werden, wie Brentano dies meint, empfiehlt es sich auf eine Stelle in der

---

* Wenn Schuppe (Log. p. 507) bemerkt, im Attributivurtheil stehe das Prädikatsnomen zum Begriffe der Existenz im Verhältnis der Unterordnung, es sei „eine Spezies dieser Gattung Existenz oder der gemeinten Existenzart", so glauben wir oben gezeigt zu haben, dass im Attributivurtheil die Existenzart des Subjektsbegriffs wohl vorausgesetzt, dessen Prädikat aber in seiner Funktionsweise von derselben völlig unabhängig ist, also nur die Subjektsvorstellung, nicht deren Existenzart determinirt.

Metaphysik des Aristoteles, der wichtigsten Autorität Brentano's, zurückzugehen. Diese Stelle, welche von ihm zweimal zitirt wird (a. a. O. p. 281 und in der Schrift: Von der mannigfachen Bedeutung des Seienden nach Aristoteles, Freiburg 1862, p. 27) und offenbar für seine Ansicht bestimmend geworden ist, lautet: Περὶ δὲ δὴ τὰ ἀσύνδετα τί τὸ εἶναι ἢ μὴ εἶναι καὶ τὸ ἀληθὲς καὶ τὸ ψεῦδος; ... ἀλλ' ἔστι ... τὸ μὲν θιγεῖν καὶ φάναι ἀληθές (οὐ γὰρ ταὐτὸ κατάφασις καὶ φάσις), τὸ δ' ἀγνοεῖν μὴ θιγγάνειν (Θ, p. 1051, b, 17.). Aristoteles spricht also hier von einer gewissen Spezies von Urtheilen, deren Subjekt auf den Urtheilenden so wirkt, dass dessen Reaktion nicht ein Bejahen oder Verneinen, sondern lediglich ein Jasagen ist. Dieses letztere erscheint als das notwendige Zutagetreten eines Berührungsaktes, als des einzigen Kriteriums von wahr und falsch. Fragt man zunächst, was mit den Asyndeta gemeint sei, so kann man im ersten Augenblick versucht sein, im Sinne der allgemeinen Tendenz der aristotelischen Metaphysik an die reine Aktualität der göttlichen Substanz zu denken. Allein der Plural und ganz besonders die sinnliche Bedeutung des Verbums θιγγάνειν, sowie endlich die aristotelische Lehre vom Urtheil überhaupt nöthigen, unter dem Inhalt des Berührenden die Totalität der Erscheinungsweise der empirischen Einzelsubstanzen zu verstehen. Zudem passt ja die zunächstliegende Übersetzung jenes Wortes, nämlich „Unverbundenes", ganz gut auf das diskrete Dasein der Einzeldinge, wie es der ersten Anschauung sich darstellt. Aristoteles behauptet also, dass das Urtheil, welches das Vorhandensein eines in der Wahrnehmung sich aufdrängenden Gegenstandes behauptet, seinem Wesen nach verschieden sei von den übrigen Urtheilen, die eine auf Verbindung und Trennung beruhende Bejahung oder Verneinung aussprechen.

Der griechische Philosoph identifizirt somit den Existentialsatz mit der Wahrnehmung, woraus gewiss niemand, wenn man den damaligen Stand der Psychologie in Betracht zieht, dem grossen Denker einen Vorwurf machen wird, und Brentano, dem die Lehre Kant's, wornach der Existentialsatz in einem Sinne ein synthetisches Urtheil ist, in einem andern nicht ist, „unklar" erscheint, kommt Aristoteles' Anschauung sehr gelegen; er findet darin ein einfaches Mittel zu der Radikalkur, dem Existenzbegriff jede Bedeutung der Prädikation abzusprechen.

Um seine Lehre plausibler zu machen, greift Brentano noch zu einem andern Auskunftsmittel. Er will gegen J. St. Mill beweisen, dass auch das Sein des Existentialsatzes nichts anderes sei, denn ein als Zeichen der Prädikation dienendes Wort wie die Copula, und sucht (Psychol. p. 283 ff.) an Beispielen zu zeigen, dass jeder kategorische Satz ohne irgendwelche Änderung des Sinnes in einen Existentialsatz übersetzt werden könne.

„Der kategorische Satz „irgend ein Mensch ist krank", sagt Brentano, „hat denselben Sinn wie der Existentialsatz „ein kranker Mensch ist" oder „es gibt einen kranken Menschen"."

„Der kategorische Satz „kein Stein ist lebendig" hat denselben Sinn wie der Existentialsatz „ein lebendiger Stein ist nicht" oder „es gibt nicht einen lebendigen Stein"."

„Der kategorische Satz „irgend ein Mensch ist nicht gelehrt" hat denselben Sinn wie der Existentialsatz „ein ungelehrter Mensch ist" oder „es gibt einen ungelehrten Menschen"."

„Der kategorische Satz „alle Menschen sind sterblich" hat denselben Sinn wie der Existentialsatz „ein unsterblicher Mensch ist nicht" oder „es gibt nicht einen unsterblichen Menschen" *."

---

* Es fällt einem schwer, nicht der Verwunderung Ausdruck zu geben über das Nichtssagende der in diesen Urtheilen sich offenbarenden Alltagsweisheit. Mit solchen Beispielen lässt sich allerdings — freilich nicht zum Ruhm der Logik — eben weil sie nichts sagen, alles sagen. Besonders gilt dies von den partikularen Urtheilen mit „irgend", welche, will man bei ihnen überhaupt etwas

„Da in den vier Beispielen", fügt Brentano erläuternd hinzu, „die sämmtlichen vier Klassen von kategorischen Urtheilen, welche die Logiker zu unterscheiden pflegen, vertreten sind, so ist die Möglichkeit der sprachlichen Umwandlung der kategorischen Sätze in Existentialsätze dadurch allgemein erwiesen; und es ist deutlich, dass das „ist" und „ist nicht" des Existentialsatzes nichts als ein Äquivalent der Copula, also kein Prädikat und für sich allein genommen, gänzlich bedeutungslos ist."

Von Windelband (Beiträge zur Lehre v. neg. Urtheil, Strassb. Abhh. zur Philos., 1884, p. 183 ff.) darauf aufmerksam gemacht, dass Substanzen und immanente Beziehungsverhältnisse in verschiedener Weise „seien" und dass man bei der thatsächlichen allgemeinen Durchführung von Brentano's Theorie Gefahr laufe in einen bedenklichen Hyperrealismus zu gerathen, schafft sich Brentano in seiner Schrift „Vom Ursprung sittlicher Erkenntnis" (Leipzig, 1889, p. 57 ff.) dadurch eine Hinterthüre, dass er den Begriff der kategorischen Urtheile spaltet in einfache, streng einheitliche kategorische Urtheile, wie sie die formalen Logiker mit a, e, i, o bezeichnen, welche alle auf die existentiale Formel rückführbar seien, und in Urtheile von kategorischem Bau, welche, weil zusammengesetzt, nicht auf die Existentialformel gebracht werden können. Die zusammengesetzten Urtheile enthalten nach Brentano, „wie es die Vieldeutigkeit sprachlicher Wendungen mit sich bringt", ein Vielheit von Urtheilen, und in diesem Falle könne die Existentialformel wohl der Ausdruck eines dem zusammengesetzten Urtheile äquivalenten, einheitlichen Urtheils, nicht aber des zusammengesetzten Urtheils selbst werden. Auf die Frage nach der Natur des äquivalenten Urtheils gibt Brentano keine Antwort; ja er gesteht sogar: „Nicht jeder zusammengesetzte Urtheilsakt kann in lauter

denken, nur als Oppositionsurtheile zu allgemeinen mit entgegengesetzter Qualität, nicht aber, was ausdrücklich hätte bemerkt werden sollen, als Vorstufe zu allgemeinen zu betrachten sind.

einfache Elemente aufgelöst werden, wie ja Ähnliches auch bei manchen Begriffen gilt"*.

Da also Brentano theils im Singular von dem äquivalenten Urtheil spricht, über dessen Beschaffenheit aber keinen Aufschluss gibt, theils hinwiederum von einfachen „Elementen" redet, in welche der zusammengesetzte Satz auflösbar sei, diese Auflösbarkeit aber geheimnisvoll beschränkt, so lässt sich nicht behaupten, dass durch diese neueren Erklärungen seine Verwandlungstheorie klarer geworden sei.

Ja selbst über die Stellung Brentano's zur Vorfrage, welches die entscheidenden Kriterien der Unterscheidung des einfachen und zusammengesetzten Urtheils seien, lässt sich keine klare Einsicht gewinnen. So bezeichnet er das Urtheil „die Rose ist eine Blume" (a. a. O. p. 59) als ein zusammengesetztes Urtheil, das Urtheil „irgend ein Mensch ist krank" (Psychol. p. 285) dagegen als ein einfaches. Das erstere setze die Anerkennung des Subjekts voraus, also einen Existentialsatz, in welchem die Existenz des Subjekts behauptet wird. Eine unmögliche Zumuthung nennt er es aber, wenn man mit Herbart dieses Prinzip auf alle Urtheile anwenden wolle und z. B. sage, das Urtheil „irgend ein Mensch ist krank" enthalte stillschweigend die Voraussetzung „wenn es nämlich Menschen gibt". Man vermisst hier, wie man sich auch zur Frage stellen mag, den Aufschluss über die verschiedene Behandlung der Subjekte beider Urtheile. Wenn Brentano dann endlich behauptet — es handelt sich um das Urtheil „kein Stein ist lebendig" — wenn es keine Steine gäbe, so wäre es sicher ebenso richtig, dass es, wie das „einfache" Urtheil besagt, keine Steine gibt, als jetzt, da

---

* Der Wiener Gelehrte irrt jedoch, wenn er Röthe (rothe Farbe) für einen zusammengesetzten Begriff hält, der nicht in einen einfachen aufgelöst werden könne. Der Grund der Unauflösbarkeit dieses Empfindungsinhalts liegt vielmehr gerade in seiner Einfachheit. Farben gehören zu jenen einfachen Bewusstseinselementen, welche deshalb nicht definirbar sind, weil das genus proximum sich zu einem Namen für die Summe der einzelnen specifica verflüchtigt.

Steine existiren, so scheint ihm die Blösse der aristotelischen Urtheilslehre*, welche darin besteht, dass sie „die Negation als ein fertiges Faktum naiv aus dem Sprachschatze aufrafft" (Prantl, Gesch. d. Log. im Abendl. I, p. 153), entgangen zu sein**.

---

* Vgl. Met. Γ 2, p. 1003, b, 10: τὸ μὴ ὄν εἶναι μὴ ὄν φαμέν.

** Es ist nicht uninteressant, auch hier dem Gedanken nachzugehen, in wie weit Aristoteles die Verwandlungstheorie Brentano's, wenn nicht verschuldet, so doch veranlasst habe.

Οὐ γὰρ διὰ τὸ ἡμᾶς οἴεσθαι ἀληθῶς σε λευκὸν εἶναι εἶ σὺ λευκός, ἀλλὰ διὰ τὸ σὲ εἶναι ἡμεῖς οἱ φάντες τοῦτο ἀληθεύομεν, heisst es in der aristotelischen Metaphysik (Θ, 10, p. 1051, b, 6). Hieraus erhellt zunächst die bekannte Thatsache, dass Aristoteles' Logik nicht war, was nachher die Schultradition aus ihr gemacht hat, nämlich eine rein formale Wissenschaft; dass sie vielmehr durchgängig von einer Anzahl erkenntnistheoretischer Voraussetzungen über das Seiende und das Verhältnis des Denkens zu demselben durchsetzt und beherrscht ist, deren oberste etwa zu formuliren wäre: „die Identität der Formen des begreifenden Denkens mit den Beziehungsformen der Wirklichkeit" (Windelband, Gesch. d. alten Philos., in Iw. Müllers Handb. der Alterthumsw., V, 1, p. 261). Das Seiende bildet nach Aristoteles eine der absoluten Aktualität zustrebende progressive Reihe metaphysischer Realitäten, deren Wesen der menschliche Verstand in der Wissenschaft dadurch erfasst, dass er in analoger Weise das Besondere von dem Allgemeinen, von der Gattung, abhängig sein lässt, unter diese subsumirt. Die Logik hat die Aufgabe, Regeln dafür aufzustellen, dass der innere Process der Vorstellungen mit dem Sein der Dinge übereinstimmt, ihr adäquates Abbild darstellt. Da die Unterordnung unter das Allgemeine sich in Urtheilen vollzieht, das Wesen der letzteren aber nach Aristoteles in der richtigen Verbindung bezw. Trennung der Subjekts- und Prädikatsbegriffe besteht, so ist eine Behauptung wahr, d. h. es entspricht derselben ein reales Correlat, wenn die Verbindung oder Trennung im Urtheile richtig vollzogen ist.

Daraus folgt, dass der Begriff der Wahrheit bei Aristoteles in doppelter Gestalt — wenn man will, in ursprünglicher und abgeleiteter — vertreten ist, einmal als unwandelbare metaphysische Norm und dann sekundär im menschlichen Geiste (als ὂν ὡς ἀληθές), in welch' letzterer Gestalt sie auch verfehlt werden kann. Es hat daher keineswegs principielle, sondern nur formelle Bedeutung, wenn der Stagirite bald die eine bald die andere Seite dieses correlativen Vorgangs mehr betont und das Wahre und Falsche im Urtheil das eine Mal mehr als Ausfluss des beurtheilenden Verstandes

Wenn wir nun im Folgenden die Lehre Brentano's über die logische Bedeutung des Seinsworts im Existentialsatz und im Attributivurtheil einer Prüfung unterziehen, so beginnen wir am besten mit der Frage, war es nöthig und ist es logisch gerechtfertigt, dem Existentialsatz die Alternative zu stellen: entweder ein synthetisches Urtheil mit Merkmalaussage oder aber — wenn dies nicht der Fall — überhaupt kein kategorisches Urtheil? Brentano will das „Ist" des Existentialsatzes mit „anerkennen" interpretiren. Rechtfertigt vielleicht dieses „Anerkennen" jene Auffassung, so dass auf Grund der aristotelischen Unterscheidung von κατάφασις und φάσις die Urtheile

auffasst, das andere Mal, dem metaphysischen Faktor das Übergewicht lassend, diese Werthprädikate dem „Ist" oder „Ist nicht" unmittelbar innewohnend betrachtet, wobei der Einfluss der Sprache einen nicht zu unterschätzenden Faktor bildet. Man vergleiche die zwei folgenden Stellen: Τὸ δὲ ὡς ἀληθὲς ὄν, καὶ μὴ ὄν ὡς ψεῦδος, ἐπειδὴ περὶ σύνθεσίν ἐστι καὶ διαίρεσιν, τὸ δὲ σύνολον περὶ μερισμὸν ἀντιφάσεως. Τὸ μὲν γὰρ ἀληθὲς τὴν κατάφασιν ἐπὶ τῷ συγκειμένῳ ἔχει, τὴν δ'ἀπόφασιν ἐπὶ τῷ διῃρημένῳ, τὸ δὲ ψεῦδος τούτου τοῦ μερισμοῦ τὴν ἀντίφασιν... οὐ γάρ ἐστι τὸ ψεῦδος καὶ τὸ ἀληθὲς ἐν τοῖς πράγμασιν, οἷον τὸ μὲν ἀγαθὸν ἀληθές, τὸ δὲ κακὸν εὐθὺς ψεῦδος, ἀλλ' ἐν διανοίᾳ· περὶ δὲ τὰ ἁπλᾶ καὶ τὰ τί ἐστιν οὐδ' ἐν τῇ διανοίᾳ (Met. E 4, p. 1027, b, 18) und: Ἔτι τὸ εἶναι σημαίνει καὶ τὸ ἔστιν ὅτι ἀληθές, τὸ δὲ μὴ εἶναι ὅτι οὐκ ἀληθές ἀλλὰ ψεῦδος. ὁμοίως ἐπὶ καταφάσεως καὶ ἀποφάσεως, οἷον ὅτι ἔστι Σωκράτης μουσικός, ὅτι ἀληθές τοῦτο. ἢ ὅτι Σωκράτης οὐ λευκός, ὅτι ἀληθές. τὸ δ' οὐκ ἔστιν ἡ διάμετρος σύμμετρος, ὅτι ψεῦδος (Met. Δ, 7, p. 1017, a, 31; vgl. hiezu Brentano: Von der mannigf. Bedeut. des Seienden nach Arist., p. 33 ff.). Mit Recht sagt Prantl (a. a. O., p. 133 f.): „Steht Bejahung und Verneinung in eben jener Beziehung zum Wahrsein und Falschsein, welche an dem objektiven Bestande einer Verbindung oder Trennung gemessen wird, so liegt hierin schon von selbst, dass es zwischen Wahrsein und Falschsein und hiemit zwischen Bejahung und Verneinung nichts Mittleres geben kann, und es fällt daher bei Aristoteles das sog. principium exclusi tertii völlig mit dem sog. princ. ident. et contrad. zusammen."

Mit dem Inhalt der angeführten Stellen des Aristoteles stimmen nun, rein äusserlich betrachtet, folgende Sätze Brentano's fast wörtlich überein: „Die Begriffe der Existenz und Nichtexistenz sind Correlate der Begriffe der Wahrheit (einheitlicher) affirmativer und negativer Urtheile. Wie zum Urtheil das Beurtheilte, zum affirmativen Urtheil das affirmativ, zum negativen das negativ Beurtheilte gehört: so etwa einzutheilen wären in verstandesmässige und thatsächliche? Unter den ersteren wären dann solche zu verstehen, bei deren Zustandekommen der Verstandesfunktion eine den Dingen mindestens ebenbürtige und ihnen gegenüber selbständige Bedeutung garantirt ist. Die thatsächlichen hingegen wären solche, bei denen jene subjektive Spontaneität relativ auf Null zusammengeschrumpft wäre.

Der Sprachgebrauch des Wortes „anerkennen", welchen wir zunächst zu Hülfe ziehen, ist für die Bejahung obiger Frage nicht günstig. Einige Beispiele aus Wissenschaft und Praxis mögen dies zeigen. Wenn einem Forscher auf dem

gehört zur Richtigkeit des affirmativen Urtheils die Existenz des affirmativ Beurtheilten, zur Richtigkeit des negativen die Nichtexistenz des negativ Beurtheilten; und ob ich sage, ein affirmatives Urtheil sei wahr, oder sein Gegenstand sei existirend: ob ich sage, ein negatives Urtheil sei wahr, oder sein Gegenstand sei nicht existirend; in beiden Fällen sage ich ein und dasselbe. Ebenso ist es darum wesentlich ein und dasselbe logische Princip, wenn ich sage, in jedem Falle sei entweder das (einheitliche) affirmative oder negative Urtheil wahr, oder, jegliches sei entweder existirend oder nichtexistirend" (Vom Urspr. sittl. Erk., p. 76).

Trotz dieser äusseren Ähnlichkeit des Standpunktes von Brentano mit dem seines grossen Gewährsmannes würde man doch irren, wenn man letzteren für die Theorie des ersteren verantwortlich machen wollte. Eine genauere Prüfung zeigt, dass Brentano die metaphysische Seite der aristotelischen Lehre auf Kosten der logischen einseitig berücksichtigt und in den Vordergrund geschoben hat. Denn abgesehen von der Heranziehung des nacharistotelischen Elements der Beurtheilung hat er zu wenig beachtet, dass Aristoteles scharf unterscheidet zwischen Urtheilen, wo das Sein Copula ist und solchen, wo es Existenz bedeutet. Die letzteren sind trotz ihrer Form von Attributivurtheilen ihrem Wesen nach Existentialurtheile; sie bezeichnen, dass ein Ding mit einer Eigenschaft realiter zusammenbesteht, bezw. — mit realer Werthung der Negation — ein Ding von einer Eigenschaft realiter fern zu halten ist. Auf diese Urtheile überträgt Brentano auch das Wahrheitsprädikat, welches Aristoteles nur den Urtheilen der Verbindung und Trennung, also den Urtheilen mit der Copula, zuerkennt. Aristoteles hat wohl, von der Sprache irregeleitet, neben der logischen Fassung eine metaphysische aufgestellt, letztere aber zur herrschenden zu machen, ist ihm nicht eingefallen.

Gebiete der sog. exakten Wissenschaften eine negative Instanz entgegentritt, so wird er doch, so wenig dieselbe auch zu der bereits bei ihm feststehenden wissenschaftlichen Erkenntnis stimmen will, und so weit sie auch den Trieb redlichen Forschens auf seiner Bahn zurückwerfen mag, die Thatsache — unwillkürlich kommt einem der Ausdruck auf die Zunge — „anerkennen" müssen. Aufgabe der nächsten Zukunft wird es sein, das isolirte Faktum mit dem vorhandenen wissenschaftlichen Bestande in erklärbaren Zusammenhang zu bringen. Anerkennen bezeichnet in diesem Falle ein unfreiwilliges Sichbeugen des zum Abschluss drängenden Verstandes unter die Macht der unfertigen Kenntnis der Wirklichkeit. — Ein Lehrer findet die Fortschritte eines Schülers ungenügend, muss aber den Fleiss desselben „anerkennen". In diesem Falle wohnt der Gegensatz in der Brust des Individuums. — Wenn ein Parlamentarier von entgegengesetzter Parteifärbung die politischen Maxime des leitenden Staatsmanns im Grunde des Herzens missbilligt, gegen die vor aller Augen liegenden Erfolge sich aber nicht verschliessen kann, vielmehr dieselben „anerkennen" muss, so ist das offene Ja der Gesammtmeinung getaucht in das Aber des Parteimannes.

Der Untergrund, auf dem sich die Sätze mit „anerkennen" in der Regel abspielen, ist sonach eine Interessenkollision*, und zwar sind die mit einander in Antagonismus liegenden Gegner von ungleicher Stärke, das eine der rivalisirenden Interessen hat gegenüber dem andern bereits die Oberhand gewonnen oder steht wenigstens im Vordergrund. Der schwächere Gegner erpresst dem stärkeren wider Willen das Geständnis der Geltung seines Interessenkreises, der letztere jedoch lässt, als gälte es sich für ein erlittenes Unrecht zu rächen, mit allem Nachdruck gefühlsmässiger Erregung seinen

---

* Besonders deutlich zeigt sich dies, wenn die streitenden Interessen nicht derselben Betrachtungssphäre, sondern das eine dem theoretischen, das andere dem ethischen Gebiet angehört.

Satz mit „aber" auf dem Fusse folgen. Es ist somit klar, dass Sätze mit „anerkennen" — so sehr es auf den ersten Blick scheinen mag — nicht das blose Resultat einer von aussen aufgezwungenen Thatsache, vielmehr die Entscheidung eines im menschlichen Innern ausgerungenen Streites darstellen, also spontaner Natur sind.

Übersetzen wir diesen psychologischen Thatbestand in's Logische, so ergibt sich Folgendes: In den Sätzen mit „anerkennen" nöthigt der theoretische Trieb nach Wahrheit, welche Rücksichten auch entgegenstehen mögen, das Bewusstsein zum Bekenntnis, dass eine Thatsache vorhanden ist. Es gibt keine Thätigkeiten des Bewusstseins, in denen der normative Charakter des Denkens und das Aufsichselbstgestelltsein des Wahrheitstriebs deutlicher zu Tage träte, als in Sätzen mit „anerkennen". Weit entfernt davon, ein kritikloses Jasagen zu einer vom Bewusstsein unabhängigen Wirklichkeit darzustellen, zeigen sie vielmehr den Triumph des theoretischen Wissenstriebs über Gefühls- und Willensrichtungen. Und fassen wir mit Rickert (D. Gegenstand d. Erkenntnis p. 55 ff.) die Anerkennung des logischen Gewissens als charakteristische Funktion jedes Urtheils, so bleibt dem Existentialsatz der Charakter des Urtheils und dem „Ist" der Charakter des Prädikats gewahrt, und das „Anerkennen" ist somit für Brentano zum Verhängnis geworden*.

---

* Wenn Sigwart (die Impersonalien, Freiburg 1888, p 62 f.) darauf hinweist, dass bei einem in der Wahrnehmung vorliegenden Gegenstand es ebenso wenig Sinn habe von „anerkennen" zu sprechen, wie einen Existentialsatz zu gebrauchen, denn der Gegenstand sei einfach da, Objekt des Bewusstseins, ich möge wollen oder nicht, so hat er insofern gewiss recht, als der Existentialsatz wie jedes andere Urtheil nur dann eintritt, wenn etwas neues behauptet werden soll oder das Alte zweifelhaft geworden ist. Doch könnte diese Stelle zu dem Missverständnis verleiten, als ob es sich in dem Fall, wo einmal ein Existentialsatz oder ein Satz mit „anerkennen" gebraucht wird, nur um Constatirung eines Bewusstseinsobjekts handle. Wir müssen uns an dieser Stelle begnügen, vor diesem Missverständnis zu warnen (vgl. unten).

Auf das Charakteristische der Prädikation des Existentialsatzes gegenüber der des Attributivurtheils soll erst später eingegangen werden. Nur dies sei hervorgehoben, dass der praktische Bestandtheil des Urtheils, „die Anerkennung eines Werthes", im Existentialsatz nicht eine Beziehung zwischen Subjekt und Prädikat beurtheilt, sondern die direkte Beziehung der Subjektsvorstellung zum Bewusstsein. Das Sein ist also ein Relationsprädikat.

Von den Logikern stehen unserer Auffassung am nächsten Sigwart und Bergmann. Auch Sigwart fasst, ebenfalls von Kant ausgehend, das Sein als modales Relationsprädikat (Log. p. 80 ff.). Da er jedoch das positive Existentialurtheil wie jedes positive Urtheil überhaupt lediglich als eine theoretische Beziehung nimmt, die werthende Thätigkeit des kritischen Verstandes für ihn also nicht in Betracht kommt, so ist es gerade das schlagendste Moment zum Beweise der Prädikation des Existenzwortes, welches seiner Lehre mangelt.

Bergmann ist der erste, der neben der Vorstellungsbeziehung im Urtheil ein „kritisches Verhalten" konstatirt und dadurch die Verwandtschaft wieder aufgezeigt hat, die zwischen den Funktionen des Urtheilens und denen des Gefühls- und Willenslebens bestehen. Attributivurtheile und Existentialsätze sind ihm zwar verschiedene aber „analoge" Weisen des Denkens. „Wie wir", heisst es in dessen „Reiner Logik" (Berlin, 1879, p. 157 f.), „wenn wir entscheiden wollen, ob ein von uns gesetztes Merkmal P mit Recht gesetzt sei, in dem Gegenstande S, auf welchen wir es beziehen, nach ihm suchen, z. B. nach dem Merkmal „schwer" in dem Stück Blei, als dessen Merkmal wir es vorgestellt haben, so suchen wir, wenn es sich um die Gültigkeit der Setzung eines Gegenstandes S handelt, nach ihm in der Welt (resp. was wir dafür halten)" (vgl. auch desselben Verfassers „Grundprobleme der Logik", Berlin 1882, p. 17).

Wenn jedoch die Unterscheidung von Vorstellung und Urtheilsakt Bergmann zu der Ansicht veranlasst, „das Sein, dessen Prädizirung in den Existentialurtheilen in einer der drei Modalitäten für gültig oder für ungültig erklärt werde, bedeute nichts anderes als die Substantialität (Dingheit, Gegenständlichkeit, οὐσία)" (R. Log. p. 148), so ist darauf zu erwidern: So wenig das Sein etwa nach der Theorie der Abbildlichkeit des naiven Realismus eine Verdoppelung der Wirklichkeit darstellt, oder etwa im aristotelischen Sinne mit der Wahrnehmung unmittelbar zu identifiziren ist, ebenso wenig ist es etwas, was in der Subjektsvorstellung oder „in der Anschauung" „vorausgesetzt" wird (vgl. a. a. O. p. 142); es ist keine blose kritische Wiederholung der Kategorie der Substanz, sondern etwas ganz neues, etwas, was nicht schon da ist, sondern durch das Urtheil erst wird*. Das Subjekt hat an sich keine Beziehung zu Realität und Phänomenalität, wie Bergmann (a. a. O. p. 98) lehrt, man denke nur an historische Persönlichkeiten (z. B. Augustus), welche empirisch nicht mehr erfahrbar sind und für welche also eine solche Scheidung sinnlos ist. Die einzige Voraussetzung ist die psychische Realität des Subjektsbegriffs; es ist dies die Realität im Sinne des schlechthinigen Gegebenseins, wie sie auch in Kants Kategorientafel unter der Qualität** erscheint. Mit Unrecht polemisirt daher Bergmann gegen Kant, weil dieser unter den Kategorien der Modalität statt derjenigen der Wirklichkeit die des Daseins aufzähle (a. a. O. p. 144 ff.);

---

* Zeiturtheile, als Hauptrepräsentanten der Existentialsätze gefasst, könnten allerdings auf den ersten Blick dieser Auffassung Bergmanns einen Schein von Berechtigung geben; vgl. jedoch unten.

** Kant hat also die Realität nicht etwa zur Hauptkategorie gemacht. Realität und Dasein erscheinen bei ihm nicht im Verhältnis der Unterordnung, sondern der Nebenordnung. Man vermisst eine vermittelnde Begründung beider in der Weise, wie eine solche betreffs der Einheit des Bewusstseins und der Kategorie der Einheit (Transsc. Deduk. d. r. Verstandesbegr. nach d. 2. Aufl. d. Krit. d. r. V. p. 658, Kehrb.) sich findet. Auch in der Bezeichnung ist Kant nicht konsequent; denn bei den Grundsätzen der Modalität (den „Postulaten des empirischen Denkens") vertauscht er „Dasein" mit „Wirklichkeit".

denn durch die modale Funktion des Existentialsatzes wird die schlechthin gegebene Vorstellung, wie unten noch auszuführen sein wird, dadurch für die Erkenntnis erst fruchtbar gemacht, dass ihre Daseinsweise bestimmt wird.

Endlich muthet Bergmann dem modalen Charakter des Seinsprädikats zu viel zu, wenn er in demselben auch die Kategorien der Möglichkeit und Nothwendigkeit wirksam sein lässt. Es beruht dies offenbar auf einer Verwechslung der Urtheilsfunktion als solcher mit dem ihr zu Grunde liegenden Inhalt. Bei letzterem allerdings kommen jene Kategorien in Betracht, doch auch nicht im Existentialurtheil selbst, sondern bei der nachkommenden erkenntnistheoretischen Beurtheilung.

Gehen wir nun über zu der Frage nach der Möglichkeit einer Verwandlung des Attributivurtheils in einen Existentialsatz, wie sie Brentano aufstellt, so erübrigt uns nur noch, den Gedanken Brentano's vom allgemein logischen Gesichtspunkt aus zu prüfen, da wir ja mit der speziellen Durchführung, welche derselbe bei seinem Entdecker gefunden, uns bereits beschäftigt haben.

Hält man sich nochmals den Hauptunterschied von Attributivurtheil und Existentialsatz vor Augen, dass bei ersterem der geschlossene Kreis von Beziehungen in der Subjektsvorstellung sich öffnet, um ein bekanntes und für die Erkenntnis zu fruktifizierendes Merkmal heraus- bezw. ein neues hereintreten zu lassen, während bei letzterem die Subjektsvorstellung, wie sie sich gerade im Bewusstsein findet, als geschlossenes Ganze genommen wird, bedenkt man ferner, dass die Sprache der Ausdruck der Gedanken ist und dass im Grossen und Ganzen bestimmte Gedanken auch in bestimmte organische Formen gekleidet auftreten, so macht diese Lehre von Brentano von vornherein den Eindruck des Willkürlichen, Mechanischen, Schablonenhaften. Die Funktionsweisen des Attributivurtheils und des Existentialsatzes verlaufen inhaltlich vollständig getrennt; die Copula hat als solche mit dem Begriff der Existenz nichts zu thun. Allerdings bildet — wir berufen uns auch hier auf früher Gesagtes — in jedem Attributivurtheil die Existenzweise des Subjektsbegriffs implicite den erkenntnistheoretischen Unterbau, auf dem die Geltung des Urtheils beruht. In jedem Attributivurtheil ist also ein Existentialurtheil vorausgesetzt, nicht aber mitbehauptet. Diese mitgedachte Existenz wird nun, so lange man es mit normalen Menschen und mit Wahrnehmungsurtheilen, also mit jedermann bekannten Objekten zu thun hat, sprachlich nicht herausgestellt. Nur etwa einem Blinden gegenüber müsste man das Urtheil „die Veilchen sind blau" so verdeutschen: es giebt wahrnehmbare Blumen, Veilchen genannt, welche blau sind. Dadurch ist aber nicht das Attributivurtheil in einen Existentialsatz verwandelt worden, vielmehr ist dessen Charakter ganz unverändert geblieben; wir haben es eben mit *zwei* Urtheilen zu thun, *vor* das Attributivurtheil ist der Existentialsatz getreten. Ersterem ist seine Funktionsweise, welche es, wenn es nach Brentano ginge, verlieren müsste, ungeschmälert erhalten geblieben. Nicht ein blaues Veilchen wird als existirend bezeichnet, sondern einem existirenden Veilchen wird die Eigenschaft blau zugesprochen.

Häufiger als bei Wahrnehmungsurtheilen findet sich die existentiale Beziehung des Subjektsbegriffs sprachlich ausgeführt bei begrifflichen Urtheilen. Begriffe finden ja, wie sie einerseits Stützpunkte des Denkens sind, andrerseits ihre logische Stütze nur im Denken, und der irrthumsfähige Mensch empfindet das Bedürfnis diese Normen der geistigen Thätigkeit in kategorischer Fassung sich gegenüber zu stellen, zu betonen, dass in der widerspruchslosen denknothwendigen Existenzweise des Subjekts das Prädikat seinen logischen Halt finde. Z. B. Das Quadrat hat zwei gleiche parallele Seitenpaare, es gibt kein Quadrat, welches nicht zwei gleiche parallele Seitenpaare hätte, die begriffliche Existenz des Quadrats schliesst das kontradiktorische Gegentheil des Prädikats aus. Das Gleiche gilt von empirisch allgemeinen Urtheilen, sowie überhaupt von allen, welche im Dienste der Begriffsbildung stehen. Auch bei diesen bildet nicht unmittelbare Wahrnehmung, sondern durch Enumeration erworbene Erfahrungskenntnis, also ein vorzugsweise geistiges Moment die Bedingung für die Richtigkeit des Prädikats. Z. B. Alle katzenartigen Raubthiere sind schlau = es gibt keine katzenartigen Raubthiere, welche nicht schlau wären. Einige Quellen sind schwefelhaltig = es gibt schwefelhaltige Quellen oder Schwefelquellen (im Gegensatz etwa zu Stahlquellen). Aber auch von diesen existentialen Formulirungen ist zu bemerken, dass sie nur logisch fundirtere, eindringlichere, zur Warnung für Unkundige aufgestellte Ausdrucksweisen des ursprünglichen Attributivurtheils sind, dessen spezifischer Charakter unangetastet bleibt.

III.

Die Existenzarten.

Wir haben oben das Sein als ein Beziehungsprädikat bezeichnet. Der sprachliche Gleichlaut (S ist oder S existirt*), welchen die Existentialurtheile in der Regel aufweisen, könnte zu der irrigen Ansicht** verleiten, dass jene Beziehung zum Bewusstsein eine einförmige sei, sich stets gleichbleibe. Allein eine solche Annahme widerstreitet der Vielgliedrigkeit und dem normativen Charakter des Bewusstseins. Wenn Urtheile den Zweck haben, Erkenntnis zu liefern, kann es sich im Existentialsatz nicht um tautologische Wiedergabe einer gegebenen Thatsache handeln; denn jeder Bekenntnisinhalt ist

---

* Vgl. auch die Ausdrücke „Das Dasein des Menschen" und „Das Dasein Gottes" (vgl. unten).
** Welche z. B. Kern („Die deutsche Satzlehre") vertritt, ohne sie jedoch im einzelnen aufrecht erhalten zu können (vgl. Sigwart, Log. p. 123). Das πρῶτον ψεῦδος der Lehre Kern's liegt eben in dem Mangel der Unterscheidung der Begriffe „psychische Realität" und „modales Sein".

als solcher da und braucht nicht noch besonders konstatirt zu werden. Das erkenntnistheoretisch Werthvolle im Existentialsatz liegt vielmehr gerade darin, was er über die gegebene Vorstellung aussagt, d. h. in der Stelle, welche er derselben im erkennenden Bewusstsein zuerkennt. Es erscheint daher in der Natur der Sache begründet, wenn wir diesen Abschnitt, welcher über die erkenntnistheoretische Bedeutung des Existenzprädikats handelt, um jedem Missverständnis vorzubeugen, entsprechend den Stufen des theoretischen Bewusstseins, nach Existenzarten gliedern.

a) Das Sein als Beziehung zur Wahrnehmung.

Die gewöhnlichste, aber wegen der ihr innewohnenden „ἐνάργεια" relativ selten im Existentialsatz auftretende Form der Beziehung ist diejenige zur Wahrnehmung. Bilden ja doch die Gegenstände der Wahrnehmung den Ausgangspunkt und das Material für die geistige Thätigkeit überhaupt, und es ist begreiflich, wenn auch manche Vertreter der Logik diese Beziehungsfunktion des Existentialsatzes für die einzige, oder wenigstens für die Beziehungsfunktion κατ' ἐξοχήν angesehen wissen wollen.

Die reinste Form des Existentialsatzes dieser Rubrik ist die Aussage eines thatsächlichen Gegebenseins in der Wahrnehmungswelt. Es wird hierbei einfach behauptet, dass ein Erinnerungsbild in der Wahrnehmung ihr Correlat hat, ohne dass sich der Sprechende um die räumliche oder zeitliche Configuration, in der dieses sinnliche Gegenbild erscheint, im geringsten kümmert. Z. B. es gibt Blumen. In solchen Urtheilen ist das Präsens, wenn nicht zeitlos, so doch unabhängig von aller Zeit gebraucht.

Hievon zu unterscheiden sind solche Existentialsätze, in denen nicht das Wahrgenommensein bejaht oder verneint wird, nicht das Wahrgenommensein als Bewusstseinsthatsache schlechthin Gegenstand der Erkenntnis bildet, sondern vielmehr der gegenwärtige Zeitpunkt der Wahrnehmung, oder *dieser* Ort des wahrgenommenen Gegenstandes in Beziehung tritt zu einem früheren Zeitpunkt derselben Wahrnehmung bezw. zu einem andern Ort desselben wahrgenommenen Gegenstandes. Wählen wir einige Beispiele! In dem Urtheil „der alte Thurm existirt noch" bildet die Voraussetzung die Vorstellung des alten Thurmes, verbunden mit der Erinnerung der einstigen Wahrnehmbarkeit; ferner ist nicht zu unterschätzen der auf angenehmen oder unangenehmen Erlebnissen oder auf ästhetischen Motiven beruhende Antheil des Gemüths. Nicht Wahrnehmbarkeit ist es, was vom Thurm ausgesagt werden soll; denn diese ist ja zu meinem festen psychischen Besitz geworden, indem mir das Wahrnehmungsbild stets vorschwebt. Vielmehr die zeitliche Differenz d. h. die Vergleichung der Wahrnehmung dieser Zeit mit jener der früheren Zeit ist Gegenstand der Aussage. Die Wahrnehmung dieser Zeit wird identifizirt mit der Wahrnehmung jener Zeit, und Sigwart nennt darum obiges Urtheil mit Recht „in gewissem Sinne ein analytisches" (d. Imp. p. 65). Der Satz bildet die Correktur der das Innere beschleichenden Unsicherheit in der Erwartung, jener Thurm möge jetzt noch sein. Ein zeitlicher Gegensatz ist es, der auf dem Wege der Association dieses Urtheil hervorgerufen hat. Bei demjenigen, welchem diese Motive des Urtheilens abgehen, kommt es, falls er beim Ansichtigwerden des Gegenstandes sich überhaupt noch desselben erinnert, zu keiner Aussprache, er begnügt sich mit der wahrgenommenen Vorstellung. — Ähnlich verhält es sich mit dem Urtheile „es gibt Erdbeeren in diesem Walde". Der Naturfreund, der mit seinen Gedanken beschäftigt durch den Wald geht, hört all' die Urtheile des ihn begleitenden Kindes über die herrlichen Dinge, die demselben begegnen, ohne seinerseits die Urtheilsfunktion des Existentialsatzes zur Geltung kommen zu lassen. Ruft aber das Kind plötzlich aus „da sind Erdbeeren!" und weckt in ihm eine Vorstellung, deren sinnlichen Repräsentanten er nicht gewohnt ist oder nicht erwartete, an dieser Stelle zu finden, so regt sich in ihm ein empirisches Interesse, und er bestätigt den Ruf des Kindes etwa folgendermassen: „Richtig, da sind Erbeeren, hier hätte ich keine vermuthet!" Beim ersteren Urtheil ist die Essbarkeit der Frucht, also eine Eigenschaft, beim letzteren der an *diese bestimmte Stelle* gebundene Genuss, in keinem von beiden Fällen also das Interesse an der Thatsache der Wahrnehmbarkeit der Vorstellung Erdbeere das treibende Motiv zur Urtheilsbildung. Wie in dem vorhin behandelten Zeiturtheil Jetzt und Einst, so ist in diesem Falle Hier und Dort der Gegensatz, um den sich das Urtheil dreht*. In keinem von beiden Fällen handelt es sich um Sein oder Nichtsein. — Wenn jemand beim Wiedereintreten in sein Zimmer bemerkt, dass von dem Tische ein Geldstück verschwunden ist, so wird er den im Zimmer allein anwesend gebliebenen Stromer mit Recht des Diebstahls zeihen. Die Überlegung, dass ein Gegenstand, der eben noch sichtbar dalag, nicht — unter den angegebenen Verhältnissen — im nächsten Augenblick auf normale Weise verschwunden sein könne, bildet den Beweggrund zur Beschuldigung des Zimmerinsassen, eingeleitet durch das Urtheil: hier lag ein Geldstück. — Höre ich ein Geräusch vor der Thüre, so gebe ich dieser Wahrnehmung den etwa noch im Zimmer Weilenden gegenüber in den Worten Ausdruck „es ist jemand vor der Thüre"! Zweifeln gegenüber versichere ich kategorisch:

---

* Wenn jemand, durch die Fluren gehend, das Gespräch mit seinem Begleiter plötzlich mit den Worten unterbricht: „ein Reh!" oder „dort ist ein Reh!" so wird es vom Verhältnis des Sprechenden zum beurtheilten Gegenstand und dessen Aufenthaltsort abhängen, ob mehr ersterer selbst oder letzterer zum Urtheil die Veranlassung gab. — Ähnlich zu beurtheilen sind *Aufzählungen*, welche in existentialer Form auftreten. Soll jemand ein anschauliches Bild von der bunten Musterkarte der Nationalitäten Österreich-Ungarns bekommen, so beginne ich: Da gibt es Deutsche, Magyaren, Tschechen etc. Auch hier ist es nicht etwa ein Zweifeln an der Existenz dieser Völkerschaften, weder im einzelnen noch in ihrer Gesammtheit, welche das Urtheil provocirt, sondern vielmehr die seltene Thatsache, dass ein so buntes Völkergemisch zu *einem* politischen Ganzen vereinigt ist.

„es ist jemand draussen, denn ich habe es gehört". Auch hier in diesem Exempel ist es nicht die Wahrnehmungsthatsache schlechthin, auf welche der Sprechende sein Augenmerk richtet, sondern die mit der Gehörsempfindung implicite verbundene Lokalisation ihres Ausgangspunktes. Ich weiss, es gibt noch viele jemand, die mich momentan nicht interessiren; der eine aber interessirt mich, weil er vor der Thüre ist, und meine Pflicht es erheischt, nach seinem Begehr zu fragen.

Alle diese aufgezählten Beispiele der zweiten Art von Existentialsätzen sind also zeitlich oder örtlich determinirte Wahrnehmungsurtheile. Ähnlich zu beurtheilen ist noch eine andere Klasse von Urtheilen, zu deren Auffindung und Erörterung wir etwas weiter ausholen müssen.

Sätze wie „Masshalten ist schwer", „Selbsthülfe ist verboten" übersetzt W. Jordan (Über die Zweideutigkeit der Copula bei Stuart Mill, Stuttgarter Gymnasialprogr. 1870, p. 14): es gibt Umstände, welche das Masshalten erschweren, Gesetze, welche die Selbsthülfe verbieten, „um so den Existenzbegriff wenigstens für das Prädikat noch zu retten". Allein die Subjekte jener Urtheile sind Eigenschaften von konkreten Lebewesen, die Vorstellung von letzteren ist also die stillschweigende Voraussetzung des Urtheilsaktes. Die Allgemeinheit bezw. unbedingte Geltung dieser psychischen Eigenschaften oder Thätigkeiten erleidet durch das Prädikat eine quantitative und qualitative Einschränkung, bedingt im ersten Falle durch die menschliche Natur, im zweiten durch die Gesetze: Nicht alle können Mass halten und jedem fällt das Masshalten schwer. Selbsthülfe, welche social und wirthschaftlich bis auf einen gewissen Grad geboten ist, ist staatlich-socialpolitisch im Interesse der Gesammtheit beschränkt, juristisch verboten.

Die völlige Neutralität der Copula der Existenzfrage gegenüber lässt es zu, dass nicht blos auf unbestimmt viele Einzelwesen gehende Eigenschaften, sondern auch die Dingvorstellungen selbst im Attributivurtheil eine Berichtigung erfahren. Brentano (Psychol., p. 287 f. Anm.) nennt sehr richtig die ganze Gruppe von Prädikaten, welche den Inhalt des Subjektswortes nicht bereichern, sondern modifiziren, modifizirende Prädikate (vgl. auch den Begriff der berichtigenden Definitionen bei W. Jordan, a. a. O. p. 17). Er sucht die modifizirenden Urtheile mit seiner Theorie der Verwandelbarkeit in Einklang zu bringen und wählt hiezu das Beispiel „ein Mensch ist todt". „Ein todter Mensch", führt er aus, „ist kein Mensch. So setzt denn der Satz „ein todter Mensch ist" nicht, um wahr zu sein, die Existenz eines Menschen, sondern nur die eines todten Menschen voraus". Wir müssen gestehen, dass uns diese Ausführung, so konsequent sie auch im Geiste seiner Theorie gedacht ist, ebensowenig das Wesen der berichtigenden Urtheile zu treffen scheint, wie seine Verwandlungslehre das Wesen des Attributivurtheils überhaupt. Denn nach seiner Interpretation ist ja die modifizirte Subjektsvorstellung bereits Voraussetzung des Urtheils, so dass also das Prädikat die Subjektsvorstellung nicht mehr zu modifiziren brauchte, vielmehr dessen Funktion nur darin bestehen würde, das in der Subjektsvorstellung enthaltene modifizirende Merkmal analytisch herauszuheben. Derartige Urtheile sind wohl so zu erklären. Modifizirt wird die gewöhnliche Vorstellung vom Menschen als einem lebenden Wesen; diese bildet im Satze die Voraussetzung. Das Prädikat besagt: in der Vorstellung von diesem oder jenem Menschen musst du das Merkmal „lebend" streichen. Begrifflich gefasst allerdings ist ein todter Mensch kein Mensch. Aber in der Sinneswahrnehmung sind wir alle geborene Materialisten und nehmen ganz sensualistisch die äussere Erscheinung für die ausschlaggebende Wesensbestimmtheit, eine Thatsache, von der wir uns als Sinnenwesen nie ganz zu befreien vermögen. Da wir die Menschen auch nach dem Tode uns so vorstellen, wie sie unter uns gelebt, so sprechen wir ganz selbstverständlich von den Gräbern unserer Lieben, ohne uns einer logischen Unrichtigkeit dabei bewusst zu sein, ohne uns vergegenwärtigen zu wollen, welch' schweren Tribut ihr Bild der Zeitlichkeit hat entrichten müssen.

Es liegt im Wesen des Prädikats „todt" im obigen Urtheil, dass es ein letztes, aber nicht ganz zu Null gewordenes Stadium eines Veränderungsprocesses am Subjekt ausdrückt: sterben, gestorben — todt (τεθνηκώς). Auch das Urtheil „ein Mensch ist todt" ist ein zeitliches Wahrnehmungsurtheil, unterscheidet sich aber von den zuletzt angeführten dadurch, dass der Sprechende nicht blos äusserlich einen Zeitpunkt der Wahrnehmung zu einem andern in Beziehung bringt, sondern zugleich der inneren Veränderung gedenkt, welche der Inhalt der Subjektsvorstellung innerhalb der verflossenen Zeit erlitten hat. Ähnliche Beispiele, welche in der Regel der Contrastwirkung einer neuen Vorstellung der alten gegenüber ihre Veranlassung verdanken, lassen sich leicht finden. Sage ich: hier ist ein Haus abgebrannt oder das Haus ist abgebrannt, so enthält das Subjektswort die mehr oder minder scharf umrissene Vorstellung eines Hauses. Den Fall gesetzt, ich begegne an einer einsamen Gebirgsstrasse einem die Spuren eines Brandes aufzeigenden, wirr mit Kohlen besäten Platz, so werde ich nicht ohne Weiteres in das Urtheil ausbrechen: hier ist ein Haus abgebrannt; denn der Vorstellungen bildenden Phantasie fehlt ja jeder sichere Anhaltspunkt. Es könnte ebenso gut ein Holzstoss oder eine Heuhütte gewesen sein. Das ausgebrannte Gemäuer einer Stadt oder eines Dorfes wird dagegen wenig Zweifel übrig lassen; die Thatsache des Abgebranntseins modifizirt die Vorstellung vom Hause. Das eine Urtheil involvirt daher eigentlich deren zwei: Hier stand ein Haus, und: dieses Haus ist abgebrannt. Ein ähnliches Beispiel ist: Die Scheibe ist zerbrochen = Hier war eine Scheibe, sie ist jetzt in Stücke zerbrochen, als Scheibe nicht mehr da.

Die Veränderung, welche das Prädikat am Subjekt vornimmt, kann nun so bedeutend sein, dass sie nicht nur an der Auffassung einzelner Bestimmungen des Subjektsworts

Modifikationen anbringt, sondern geradezu in dessen erkenntnistheoretischer Gesammtauffassung, in Betreff seiner Seinsweise, eine Umwälzung hervorruft. Hier ist der Punkt, wo das Attributivurtheil kraft seines Prädikats mit dem Existentialurtheil zusammenfällt. Ein solches Urtheil ist: der Pegasus ist eine mythologische Fiktion. Hier wird dem Subjektswort die Existenzart der Wahrnehmbarkeit abgesprochen und ihm die der blossen Vorstellung angewiesen. Am radikalsten wirkt die Modifikation in dem Urtheil „ein viereckiger Zirkel ist ein Widerspruch", welches freilich dem Charakter seiner Vorstellungen nach streng genommen nicht mehr hieher gehört. Hier wird der scheinbare Inhalt des Subjekts als etwas Nichtdenkbares, Nichtvorstellbares und damit schlechterdings Nichtseiendes bezeichnet. „Viereckiger Zirkel" ist ein inhaltloses Wortgebilde, kann somit vom Bewusstsein in einem Existentialsatz schlechterdings nicht gewerthet werden*. Dies der Sinn des Urtheils.

b) Das Sein als Beziehung zum erklärenden Denken.

Wir bezeichneten eben Sätze wie „es gibt Blumen" als die reinste Form des Existentialsatzes der Wahrnehmung, und haben damit nicht sowohl die unmittelbare Einzelwahrnehmung als vielmehr die Allgemeinvorstellung, unter welche die einzelnen Wahrnehmungsakte fallen, als Gegenstand der Beurtheilung betrachtet. In diesem Abschnitt nun wird sich zeigen, wie die Allgemeinvorstellung sich zu Begriffen verfeinert, die unmittelbare Wahrnehmung immer noch mehr in

---

* Anders verhält es sich mit dem Urtheil „Hexenglaube ist ein Hirngespinst". Dieses leugnet ähnlich wie das Urtheil „der Pegasus ist eine mythologische Fiktion" die Beziehung des Subjektsbegriffs auf eine vom Bewusstsein unabhängige Realität und spricht ihm den Charakter einer Vorstellung zu, freilich einer thörichten. Der Unterschied besteht also nur darin, dass die neue Prädikation noch eine Kritik erfährt, welch' letztere aber nicht so einschneidend ist, dass sie erstere aufhebt.

den Hintergrund treten lässt, ja oft sogar die begriffliche Form letztere zu ersetzen berufen ist.

Mit dieser unserer Auffassung scheinen wir zunächt in Widerspruch mit Kant zu gerathen, der ja bei seiner Seinslehre immer von dem Gegenstand spricht, der zu dem Begriff hinzutreten müsse. Doch bedenke man dabei Folgendes: Kant kommt in dieser Frage vermöge des historischen Zusammenhangs, in welchen sein Denken eingegliedert ist, vom Gottesbegriff, also von Vernunftwahrheiten her, und er ist der einseitigen Überspannung gegenüber, mit welcher der philosophische Dogmatismus die letzteren werthete, angelegentlich bemüht, den Gegensatz von immanentem und objektivem Sein möglichst scharf hervorzukehren, wobei andrerseits naturgemäss der Gedanke, dass das anschauliche Sein schliesslich nur eine andere Art der Beziehung desselben Bewusstseins ist, dem auch der Begriff angehört, zurücktreten musste. Allein die Frage, um welche es sich *hier* handelt, betrifft nicht, wie bei Kant, den Gegensatz* von psychischer und ausserpsychischer Realität, sondern es wird gefordert, dass die Welt der Dinge in ihrem Sein nicht nur der Beziehung zur Wahrnehmung, sondern auch den Kategorien des Verstandes entspreche. Andrerseits macht Kant selbst darauf aufmerksam, dass den modalen Kategorien als solchen eine Beziehung zu den „Dingen", allerdings nicht zu gegenwärtigen, sondern zu Dingen einer „möglichen Erfahrung", zukomme. Wir erinnern an folgende Stellen aus den „Postulaten des empirischen

---

* Wie er etwa auch in dem Verhältnis der reinen und angewandten Mathematik hervortritt, weshalb Schopenhauer von den mathematischen Gebilden als von „Normalanschauungen" spricht, die „für alle Erscheinung gesetzgebend sind" (Über d. 4 f. Wurzel d. Satzes v. z. Grunde § 39). — Vor der umgekehrten Form dieser μετάβασις εἰς ἄλλο γένος warnt, von Leibniz herkommend, Lessing: „Zufällige Geschichtswahrheiten können der Beweis von nothwendigen Vernunftwahrheiten nie werden", in der theologischen Streitschrift „Über den Beweis des Geistes und der Kraft" (WW VI, p. 241, Göschen; vgl. auch: D. Fr. Strauss, Das Leben Jesu, für das deutsche Volk bearbeitet, 2. Aufl., p. 11 und 620).

Denkens": „Die Kategorien der Modalität haben das Besondere an sich, dass sie den Begriff, dem sie als Prädikat beigefügt werden, als Bestimmung des Objekts nicht im mindesten vermehren, sondern nur das Verhältnis zum Erkenntnisvermögen ausdrücken. Wenn der Begriff eines Dinges schon ganz vollständig ist, so kann ich doch noch von diesem Gegenstande fragen, ob er blos möglich, oder auch wirklich, oder, wenn er das letztere ist, ob er gar auch nothwendig sei? Hiedurch werden keine Bestimmungen mehr im Objekte selbst gedacht, sondern es frägt sich nur, wie es sich (sammt allen seinen Bestimmungen) zum Verstande und dessen empirischem Gebrauche, zur empirischen Urtheilskraft und zur Vernunft (in ihrer Anwendung auf Erfahrung) verhalte?

Eben um des willen sind auch die Grundsätze der Modalität nichts weiter als Erklärungen der Begriffe der Möglichkeit, Wirklichkeit und Nothwendigkeit in ihrem empirischen Gebrauche und hiemit zugleich Restriktionen aller Kategorien auf den blos empirischen Gebrauch, ohne den transscendentalen zuzulassen oder zu erfordern. Denn wenn diese nicht eine blos logische Bedeutung haben und die Form des Denkens analytisch ausdrücken sollen, sondern Dinge und deren Möglichkeit, Wirklichkeit und Nothwendigkeit betreffen sollen, so müssen sie auf die mögliche Erfahrung und deren synthetische Einheit gehen, in welcher allein Gegenstände der Erkenntnis gegeben werden.

Das Postulat der Möglichkeit der Dinge fordert also, dass der Begriff derselben mit den formalen Bedingungen einer Erfahrung überhaupt zusammenstimme. Diese, nämlich die objektive Form der Erfahrung überhaupt, enthält aber alle Synthesis, welche zur Erkenntnis der Objekte erfordert wird. Ein Begriff, der eine Synthesis in sich fasst, ist für leer zu halten und bezieht sich auf keinen Gegenstand, wenn diese Synthesis nicht zur Erfahrung gehört, entweder, als von ihr erborgt, und dann heisst er ein empirischer Begriff, oder als eine solche, auf der, als Bedingung a priori, Erfahrung überhaupt (die Form derselben) beruht, und dann ist es ein reiner Begriff, der dennoch zur Erfahrung gehört, weil sein Objekt nur in dieser angetroffen werden kann" (Krit. d. r. V. p. 202, Kehrb.).

Unser Denken hat also von Hause aus eine Beziehung zu der Welt der erfahrbaren Dinge*; die Wirklichkeit, Möglichkeit, Nothwendigkeit erscheinen als Spezialfälle dieses allgemeinen Grundverhältnisses. Der Existentialsatz kümmert sich als Ausfluss der Kategorien des Daseins oder des Grundsatzes der Wirklichkeit nicht um Möglichkeit und Nothwendigkeit. Auf der anderen Seite würde er sich aber seines modalen Charakters begeben, wenn er nur jenes Grundverhältnis, nicht auch eine Werthung desselben von Seiten des Bewusstseins ausdrücken würde. Gerade dieser letzte Punkt ist es, welchen auch eine Theorie des Existentialsatzes genügend berücksichtigen muss. Sie hat die verschiedenen Nuancen der Existenzaussage, die zwischen der Wahrnehmbarkeit eines bestimmten Dinges und der blosen Vorstellung mitteninne liegen, einer Prüfung zu unterziehen.

Der gewöhnliche Weg, auf welchem das Bewusstsein zum Existentialsatz kommt, ist der umgekehrte des Kant'schen, nämlich der Weg von aussen her. Gewöhnlich nicht dadurch, dass eine Forderung „des Bewusstseins überhaupt" in einer transscendenten Welt ihr Correlat sucht, oder etwa gar fertige Begriffe einer erklärbaren Wirklichkeit das ihre in der Wahrnehmung — letzteres ist sogar unmöglich, denn Begriffe sind ja etwas Secundäres, von den Dingen Abstrahirtes — entsteht der Existentialsatz, vielmehr Wahrnehmungsdaten sind es, welche zuerst zu Allgemeinvorstellungen verschmelzen; dann aber, je mehr der Wissenstrieb erstarkt, um so mehr strebt er darnach, das lockere Band, welches die anschauliche Vor-

---

* Überlegungen ähnlicher Art sind es, welche die Anhänger der „negativen Theologie" veranlassten, sich über das transscendente Wesen Gottes jeder Prädikation zu enthalten, dasselbe als ἄποιον zu erklären.

stellung mit dem Bewusstsein verknüpft, dadurch straffer zu gestalten, dass er dieselbe mit dem System der Denkbeziehungen zusammenbringt. Vorstellungen der Anschauung sind das Gegebene, Begriffe das Aufgegebene. Zur Erläuterung folgendes Beispiel:

Der Nichtfachmann, welcher das Urtheil ausspricht „es gibt einzellige Organismen" will allerdings sagen und kann nur sagen wollen: es gibt in der Natur Wesen, welche so geartet sind, dass sie nur eine Zelle haben. Beim Fachmann tritt die Beziehung auf die Wahrnehmung zurück hinter der ungleich wichtigeren begrifflichen Beziehung in seinem Denken.

Kant's Auffassung am nächsten kommt Sigwart. Er präcisirt seinen Standpunkt in dieser Frage folgendermassen: „Die Möglichkeit, zu der Frage nach der Existenz eines Dinges zu kommen, ist wohl dann gegeben, wenn die gegenwärtige Anschauung fehlt, und nur ein inneres Erinnerungsbild, eine blose Vorstellung vorhanden ist" (vgl. d. Imp. p. 51). „Die Existentialurtheile kehren den Process der Benennungsurtheile um. Bei diesen ist der anschauliche einzelne Gegenstand gegeben, der als solcher ohne Weiteres als existirend gedacht wird; die früher gewonnene und bekannte Vorstellung tritt hinzu und wird als übereinstimmend mit jener erkannt. Beim Existentialurtheil ist die innere Vorstellung das erste; es fragt sich, ob ihr ein einzelnes wahrnehmbares Ding entspricht; bietet sich dieses der Anschauung dar, so sage ich: ein A ist vorhanden, findet sich, existirt" (a. a. O. p. 53; vgl. auch Log. I, p. 93 f.). „Für den, der auf eigene Wahrnehmung hin den Satz ausspricht: der Thurm steht noch, das Dokument ist noch vorhanden, ist das Urtheil sogar in gewissem Sinne ein analytisches; denn so wie das Subjekt desselben für sein Bewusstsein vorhanden ist, bleibt mit der Vorstellung des Gegenstandes die Vorstellung seiner wahrnehmbaren Existenz verknüpft, und er wird eben als ein wirklich Gesehenes, in der bestimmten Relation zu meinem Bewusstsein vorgestellt, ich kann nicht fragen, ob er existirt oder nicht"

(a. a. O. p. 65). Diese Sätze, welche die Auffassung Sigwarts von der Existenzfrage überhaupt enthalten, könnten zunächst zu der Ansicht verleiten, als ob Sigwart das erklärende Denken von allem, was mit Existenz zusammenhängt, ausgeschlossen wissen wolle, zumal er hiebei, wenn von Begriffen die Rede ist, dieselben immer nur in der psychologischen Bedeutung der Allgemeinvorstellungen fasst (vgl. a. a. O. p. 61 u. 66). Allein vergleicht man damit folgende Stelle: „Ich überzeuge mich etwa durch Schlüsse, dass meine Vorstellung vom Thurm zu Babel in der wirklichen Welt ihr Correlat hat, dass die Berichte darüber nicht auf Fiktion, sondern zuletzt auf Wahrnehmung beruhen" (a. a. O. p. 66), so wird ersichtlich, dass Sigwart auch das erklärende Denken herangezogen wissen will und zwar zu dem Zwecke, die nicht unmittelbar gegebene Wahrnehmbarkeit zu ermitteln. Sigwart ist der offenbar richtigen Ansicht, dass in jedem Existentialsatz, mag derselbe durch Wahrnehmung oder durch einen immanenten Process des Bewusstseins zu Stande gekommen sein, immer irgend eine Beziehung auf die Wahrnehmung ausgesprochen ist. Diese Beziehung auf die anschauliche Wahrnehmung ist in der That — es beruht dies, wie sich gleich näher zeigen wird, auf der natürlichen Beschaffenheit unseres Bewusstseins — das allen Existentialsätzen gemeinsame. Doch ist dieselbe keineswegs eine einfache und unzweideutige; wir wollen sie daher im Folgenden einer näheren Betrachtung unterziehen und Sigwart's Lehre nach dieser Richtung hin ergänzen. Die thatsächliche Wahrnehmung kann als erledigt gelten: es erübrigt also noch die Untersuchung der Frage, in welcher Beziehung zur Wahrnehmung auch diejenigen Existentialsätze stehen, welche nicht auf unmittelbarer Wahrnehmung beruhen.

Wir nennen zunächst einige Beispiele. Der Astronom schliesst aus Störungen im Laufe der Gestirne auf das Vorhandensein eines Planeten und weiss dessen Standpunkt genau vorauszuberechnen. — Die Geschichtsforschung folgert aus dem Umstand, dass in glaubwürdigen Geschichtsquellen der zu Beginn des 14. Jahrhunderts gegründeten schweizerischen Eidgenossenschaft die Namen Tell's, Stauffacher's und anderer Helden der Sage nicht vorkommen, und ganz besonders und vor allem aus dem Widerstreit dieser Erzählungen mit beglaubigten Ereignissen mit Recht, dass die Tellsage jedes thatsächlichen Kernes entbehre. — Wenn ein Fieberkranker behauptet, Schreckgestalten an der Wand zu sehen, so glauben wir ihm nicht, nicht nur weil wir dieselben nicht sehen, sondern vor allem, weil ihre Annahme mit den Gesetzen des natürlichen Geschehens im Widerspruch stehen würde. — „Sagt mir ein glaubwürdiger Zeuge", heisst es bei Sigwart in den „Impersonalien", „dass er den geheimen Vertrag gesehen, so urtheile ich jetzt, dass die Vorstellung, die ich gewonnen hatte, mit einem greifbaren Dokument übereinstimme." Allein es ist hinzuzufügen, auch wenn der Vertrag verloren gegangen oder vernichtet, die Wahrnehmbarkeit also aufgehoben ist, werde ich doch nicht, vorausgesetzt, dass nicht eine rechtliche Nichtigkeitserklärung erfolgt, an der empirischen Realität desselben zweifeln. — Ebensowenig wird der Gläubiger das Vernichten der Schuldurkunde zugleich für die Vernichtung der empirischen Existenz der Schuld halten wollen. —

Wo liegt nun in diesen Beispielen die Beziehung auf die Wahrnehmung? Für die ersten zwei Beispiele liegt dieselbe offenbar nicht in der Wahrnehmung des Gegenstandes, sondern in derjenigen von den Wirkungen, welche er auf andere Gegenstände ausübt, bezw. ausüben müsste, in dem Beispiel vom Fieberkranken im gesetzmässigen Weltzusammenhang überhaupt, in dem Falle mit dem geheimen Vertrag in dem völkerrechtlich geordneten Verkehr der Contrahenten und endlich im letzten Exempel einzig und allein — im Anspruch des denkenden Bewusstseins. Allerdings wird der Gläubiger zunächst den Rechtsweg betreten und die privatrechtlichen Bestimmungen als die empirische Welt betrachten, innerhalb deren sich auch die Schuldurkunde realisirt finde. Allein wenn er keine Zeugen vorzuweisen hat, der Schuldner leugnet und sich nicht bei unüberlegten entgegenstehenden Handlungen ertappen lässt, wird er den Beweis der ausserpsychischen Realität der Schuldurkunde nicht zu erbringen vermögen.

Diese Erörterung hat gezeigt, wie die Beziehung zur Wahrnehmung allmählig zusammenschmilzt, von der Gegenständlichkeit zu ihrer Wirkung, von dieser zum blosen Rechtsanspruch, und sie illustrirt von neuem — um mit Salomon Maimon zu sprechen — den Primat des vollkommenen Bewusstseins über das unvollkommene.

Allein die Sache geht noch weiter. Im letzten Beispiel ist wenigstens noch die subjektive Überzeugung einer Beziehung auf die unmittelbare Wahrnehmung vorhanden. Auch dieser letzte Rest ist geschwunden in folgenden Fällen. Sage ich „es gibt Freiheit, Tugend" u. dgl., so bezeichnen die Sätze nicht etwa die Hypostasirung einer sinnlich wahrnehmbaren Eigenschaft, vielmehr eines sittlichen Beurtheilungsprädikats, also eines Normbegriffs, und die Beziehung zur Wahrnehmung besteht nur in der Fiktion, diese Begriffe seien ebenso wirklich als die Menschen, welche ihre Bildung veranlasst haben. Stossen wir in der Geschichte der philosophischen Theorien auf Namen wie platonische Idee, Atome, Monaden, Realen u. s. w., so sind dies lauter Abstraktionen, die als oberste Erklärungsprincipien der Wirklichkeit gelten sollen. Weil aber das menschliche Bewusstsein die abstraktesten Begriffe, um sie überhaupt denken zu können, nothgedrungen mit anschaulichem Inhalt füllt, sie nach der Kategorie der Substantialität denken muss, werden die Gedankendinge zu wirklichen Dingen, und man spricht nach Analogie der Sinnenwelt von einem „Theilhaben" der Ideen, von einem Zugrundeliegen der Atome u. dgl. Ein Charakteristikum unseres Denkens also, welches uns als Sinnenwesen anhaftet, veranlasst uns zu der Täuschung, Produkte des Denkens für Wesenheiten der Dinge zu halten, in denselben eine direkte Beziehung zur Wahrnehmung zu sehen.

Die Stufenreihe, in welcher sich bis jetzt das Verhältnis zur Wahrnehmung darstellte, war sonach eine vierfache: das der unmittelbaren Wahrnehmung des Gegenstandes, das seiner Wirkungen, das der blos subjektiven Überzeugung und das der Täuschung. Allen diesen Arten gemeinsam ist der Anspruch irgend einer Geltung in der Wahrnehmungswelt.

c) Das Sein als Beziehung zur psychischen Realität.

Jeder Existentialsatz enthält, weil er irgend ein Objektives, vom Subjekt Verschiedenes zum Inhalt hat, irgend eine Beziehung zur Welt der Objekte, und zwar war diese in den im vorhergehenden Abschnitt behandelten Fällen eine direkte auf bestimmte Dinge.

Keine direkte Beziehung auf Gegenstände der Aussenwelt beanspruchen die Phantasievorstellungen. Doch sind auch sie nicht rein immanente Gebilde ohne jede Verwandtschaft mit der Welt der Anschauung. Dies beweist schon ihre psychologische Genesis. Soweit sie sich nämlich auch von der realen Basis entfernen mögen, ihre Ausgangspunkte haben sie immer der umgebenden Welt zu verdanken. Alle haben eine „nothwendige Beziehung auf ein mögliches empirisches Bewusstsein" (Kant, Krit. d. r. V. p. 128 Anm., Kehrb.). Wie die phantastischen Figuren, mit welchen die antike Weltauffassung den Wald, die Wogen der blauen See, das Gestein des schaumbespritzten Gestades, die Welt des Gebirges bevölkerte, in ihrer Erscheinung dem Elemente homogen waren, in dem sie ihren Aufenthalt haben, so lieferte andrerseits die Menschen- und Thierwelt die einfachen Ingredienzien, aus denen der Hexenkessel der Phantasie jene seine grotesken Bildungen schuf. Schon Kant macht darauf aufmerksam, dass die „Elemente" selbst von willkürlichen und ungereimten Erdichtungen zwar nicht von der Erfahrung entlehnt seien, jederzeit aber die reinen Bedingungen a priori einer möglichen Erfahrung und eines Gegenstandes derselben enthalten; „denn sonst würde nicht allein durch sie gar nichts gedacht werden, sondern sie selber würden ohne Data auch nicht einmal im Denken entstehen können" (Krit. d. r. V. p. 113, Kehrb.).

Betrachten wir dann die Phantasievorstellung, wie sie im normalen Bewusstsein sich fertig vorfindet, so wird es allerdings noch seine guten Wege haben, bis das auf positivistischen Antrieben fussende Losungswort des modernen französischen Naturalismus allgemeine Geltung erlangt: Voilà ce qui existe, tâchez de vous arranger! Auf der anderen Seite aber ist es Thatsache, dass ein überraschender Sturz der Phantasie in prächtig leuchtendem Bilde, ein kühner Sprung in die verborgenen Gründe der Dinge, dem der künstlerisch Geniessende mit staunender Beistimmung folgt, oft mehr erklärt als spaltenlange Räsonnements. Gibt es eine erschöpfendere und wahrheitsgetreuere Schilderung der treibenden Mächte im Menschenleben, als sie Goethe's Menschheitstragödie Faust bietet, oder etwa der kindlichen Unschuld, wie sie der geniale Maler mit einfachen Mitteln in ein Kindesauge zu bannen weiss! Und doch gilt das Wort Schiller's:

Der Schein darf nie die Wirklichkeit erreichen,
Und siegt Natur, so muss die Kunst entweichen.

Das Wechselspiel zwischen Sein und Bedeuten, welches für die Kunst so charakteristisch ist, zeigt sich besonders in der Thatsache des Symbols. Dieses entspringt dem Hange des Menschen, Unsinnliches zu versinnlichen, um dann in weiterer Entwicklung das versinnlichende Bild als etwas selbständig Seiendes rückwärts auf sich wirken zu lassen. Was man dramatische Illusion nennt, besteht ja in letzter Instanz darin, dass der Dramatiker die Charaktere und Handlungen so lebenswahr zu einem harmonischen Ganzen zu gestalten weiss, dass der Leser oder Zuschauer sich in die Welt der Wirklichkeit versetzt glaubt. Aufgabe der mimischen Kunst des Schauspielers ist es, insbesondere durch Verlebendigung der Intentionen des Dichters dem geniessenden Bewusstsein die Täuschung zu erleichtern*.

Betrachtet man im Gegensatz zur erhebenden Bedeutung des Seinsgehalts der Schöpfungen des künstlerischen Genius die theoretischen Wahngebilde, welche die Hexenprocesse zeitigten, die blutigen Ausgeburten des religiösen Fanatismus u. dgl., so bilden auch diese Beispiele für den Doppelsinn der Seinsart der Phantasievorstellungen.

Die Existentialsätze der psychischen Realität haben sonach, dem Charakter ihrer Subjekte entsprechend, eine doppelte Beziehung. Einmal und hauptsächlich die immanente Beziehung des Bewusstseins, welche nicht von aussen wahrnehmbar, sondern nur innerlich erlebbar ist und nur psychologisch beurtheilt werden darf; daneben noch eine Beziehung zur Anschauung überhaupt, zur Anschauung als Typus, als Musterbild für eine unbestimmte Zahl Einzelanschauungen. Nur unter dem letzteren einschränkenden Gesichtspunkte darf man Urtheile der dichterischen Phantasie wie „es war einmal ein König", „es stand in alten Zeiten ein Schloss so hoch und hehr" mit Sigwart zu den Existentialsätzen der Wahrnehmung rechnen; nur frägt man dabei vergebens nach dem „wirklich existirenden Objekt", auf welches nach Sigwart das logische Subjekt „es" hinweist, und welches durch die Benennung bezeichnet wird (vgl. d. Imp. p. 66); man müsste denn das „wirklich existirende Objekt" ebenfalls typisch fassen. Bedingung ist nur, dass die Vorstellung von den in

---

* Die Eigenthümlichkeit des Menschen, Gebilde seines Innern mit beliebiger äusserer Form als seiend zu bezeichnen, welche sich vornehmlich bei der Kunst in ihrem Werthe zeigt, tritt gerade in dieser ihrer psychologischen Allgemeinmenschlichkeit beim Spiel der Kinder zu Tage. Der Knabe, welcher beim Räuberspiel von sich sagt: ich bin Hauptmann, oder, vom Bolzen des Gegners getroffen, ausruft: ich bin todt, sagt von sich — wenn auch in letzterem Falle seine kindliche Ungeschicklichkeit ihn Lügen straft — dasselbe, was der künstlerisch veranlagte Schauspieler von der Illusion seiner Zuhörer erwartet.

der Wirklichkeit existirenden Dingen nicht so sehr abweicht, dass sie nicht in jenen ihr Correlat haben könnte. Gerade der Märchenanfang „es war einmal . . ." zeigt so recht das Bestreben des Märchenerzählers, ohne Rücksicht auf bestimmte empirische Einzelgestalten als solche, der kindlichen Fassungskraft entsprechend, in behaglicher Breite ein Bild an das andere zu reihen*.

An einem sehr schwachen Faden hängt diese Beziehung zur Anschauung in Vorstellungen, wie Satyr, Pegasus u. dgl. Freilich eine Beziehung zu den „Elementen" und einer (allerdings geistigen) Thätigkeit ist auch hier vorhanden. Aber das fertige Bild dieser Phantasieschöpfung fehlt der Anschauungswelt. Daher das Urtheil „der Pegasus existirt nur in der Vorstellung" = der Pegasus hat nur psychische Realität. Das beschränkende „Nur" zeigt, wie geläufig dem Bewusstsein in seinem Urtheilen die Beziehung auf die Anschauungswelt ist; sie ist es in dem Grade, dass es das Fehlen derselben als einen Mangel empfindet. Wie lose jedoch diese Beziehung zur Wahrnehmung zum Theil auch sein mag, die Thatsache bleibt unangefochten, dass in allen Existentialsätzen, deren Vorstellungen etwas Ausserpsychisches zum Inhalt haben, *irgend eine* Beziehung zur Wahrnehmung

---

* Das Übergewicht der typischen Anschauung über das erklärende Denken zeigt sich auch sonst noch in der Poesie. Man denke an die Dichterstellen: „Da stosset kein Nachen vom sicheren Strand", und kein „kein Baum verstreuet Schatten = es waren Nachen vorhanden, aber keiner stosset v. s. St., und: es ist kein Baum da, d. Sch. v. Ähnlich Juvenal sat. XI, 158; nec (puer) opposito pavidus tegit inguina guto = es ist kein Bursche da, der . . ., weil der, welcher da ist, als tutus frigore (v. 146), es nicht nöthig hat. Aus der gleichen Ursache erklären sich bei Horaz und den antiken Dichtern überhaupt Verstösse gegen die consecutio temporum, Ausdrucksweisen wie consociare umbram, spectactula pandere u. ä. Für unsern Fall besonders interessant ist bei Horaz die Ausserachtlassung der modalen Denkfunktionen, wie sie sich in dem alternirenden Gebrauch der passiven Participialformen und der Adjektiva auf -ilis zeigt.

vorhanden ist. Auf der andern Seite ist eben so sicher, dass wir, wie schon Platon gesehen hat, nur dann von etwas reden können, wenn es Bewusstseinsinhalt geworden ist. In den Phantasievorstellungen verflüchtigt sich die Beziehung zur Welt der Dinge mehr und mehr zu Gunsten der letzteren Thatsache, und so bilden dieselben einen interessanten Übergang von den Existentialsätzen der äusseren Wahrnehmung zu denen der innern, bei denen blos psychische Realität in Betracht kommt, wie in dem Satz: mein Gefühl ist. Ein Ausfluss der inneren Wahrnehmung ist der umfassendere Existentialsatz „ich bin". Denn definiren wir versuchsweise das Ich in substantieller Formung etwa als den einheitlichen Träger der Bewusstseinsfunktionen, so zerfliesst bei näherer Betrachtung dieser Träger ebenfalls in Bewusstseinsfunktionen. Man wird somit genöthigt, das Ich den einheitlichen Beziehungen des Bewusstseins selbst gleich zu setzen und diese sind sicher nur im Bewusstsein. Es ist übrigens zu bemerken, dass die Existenzaussage über das Ich ausser in der Philosophie, wo ihr aber auch mehr der Charakter eines Problems denn eines Existentialurtheils zukommt, oder etwa im Paradigma der Grammatik, wo die Anführung andern Zwecken dient, in dieser einfachen Form im Leben kaum vorkommt. Das Ich bildet eben *so* sehr den *wesenhaften* Hintergrund und die oberste Voraussetzung aller menschlichen Thätigkeiten, dass sie nie zur Leugnung Veranlassung bietet. Daher die Betheuerungsformel „so wahr ich bin". Die Unumstösslichkeit der Existenz des Ich bildet für das Bewusstsein die letzte Instanz der Bürgschaft, welche ihm zur Versicherung irgend einer Thätigkeit zu Gebote steht. Das Ich ist jedoch in dieser Formel nicht als theoretische Abstraktion, sondern in seinem empirischen Bestande zu fassen, und was Lotze im Mikrokosmus gelegentlich von der menschlichen Persönlichkeit bemerkt, dass nämlich der empirische Inhalt derselben von unserer Erkenntnis nicht erschöpft werden könne, gilt auch vom Ich. Macht es die Mannigfaltigkeit der zusammenhängenden Beziehungen des Ichinhalts selbst einer wissenschaftlichen Analyse unmöglich, zu einem Ende zu gelangen, um so weniger kann es einem Produkt des Augenblicks, welches doch der Existentialsatz in obiger Formel darstellt, darauf ankommen, diesen Werth zu beanspruchen. Der Inhalt des Ich als eines unlösbaren Problems kümmert das Bewusstsein, welches jenen Satz ausspricht, gar nicht. Es begnügt sich damit, eine Seite des vielverzweigten Beziehungscomplexes zu betonen, welche gerade im vorliegenden Falle in der Geltung ihres Werthes bedroht erscheint, und ist geneigt, mit der ganzen Macht seiner Persönlichkeit hiefür einzutreten. „So wahr ich bin" ist dann je nach den Umständen soviel wie „so wahr ich ein wahrhaftiger Mensch bin", „so wahr ich ein sittlicher Mensch bin" u. s. w. Der Existentialsatz „ich bin" ist der Resonanzboden, auf dem alle in den betrachteten Existentialsätzen angeschlagenen Töne widerklingen.

d) Das Sein als Beziehung zum „Bewusstsein überhaupt".

Der Begriff des Seins legte sich nach dem Bisherigen auseinander in die Constatirung eines nothwendigen Beziehungsverhältnisses zur Wahrnehmung und zur psychischen Realität. Die Beziehung zur Wahrnehmung war einerseits eine einfache und unmittelbare, andrerseits gedanklich fundirt, bezw. geradezu ersetzt durch die Beziehung zum erklärenden Denken. Bezüglich der psychischen Realität war das Verhältnis zunächst getheilt zwischen der äusseren und inneren Wahrnehmung. Die Phantasievorstellungen, wenn auch, psychologisch betrachtet, ein Produkt einer frei schaffenden Individualität und wesentlich anderen als erkenntnistheoretischen Motiven entsprungen, erscheinen nicht blos in Anbetracht der sie zusammensetzenden Elemente, sondern in der Regel auch in ihrer fertigen Gestalt in loser Beziehung zur ausserpsychischen Wirklichkeit und verbreiten über manche für das theoretische Verständnis dunkle Seite der letzteren ein unerwartetes Licht.

Nur bei den Thatsachen der inneren Wahrnehmung war eine Beziehung auf etwas Ausserpsychisches ausgeschlossen, nur hier konnten wir uns damit begnügen, den Existenzbegriff in der Constatirung einer sich uns aufdrängenden psychischen Thatsache aufgehen zu lassen. Die weitere Untersuchung wird lehren, dass hiemit die Reihe der Existentialsätze noch nicht abgeschlossen, sondern vielmehr im Anschluss an die schlechthinige psychische Realität noch einer Ergänzung bedürftig ist. Vorerst wollen wir jedoch die sich selbst anschauende Thätigkeit des Bewusstseins an den bisherigen Resultaten noch einen Augenblick fortsetzen und fragen, welches ist in den abgehandelten, inhaltlich verschiedenen Existentialsätzen das Gemeinsame? Und dieses Gemeinsame wird dann einen letzten und entscheidenden Prüfstein abgeben für die unterscheidende Beurtheilung von Existential- und Attributivurtheil.

Die Frage zu beantworten ist nicht schwer. Es handelte sich beim wahrnehmenden, erklärenden und vorstellenden Bewusstsein darum, die Constatirung einer psychologisch nothwendigen Thatsache für die Erkenntnis fruchtbar zu machen, ihren Wahrheitswerth festzustellen, d. h. sie als seiende zu bezeichnen. Jene innere Nöthigung ihrerseits ist aber ein Ergebnis des Besinnens des erkennenden Bewusstseins auf seinen Inhalt. Daraus ergibt sich zunächst die uns schon bekannte Thatsache, dass auch die Funktion des Existentialsatzes einen spontanen Charakter trägt, also eine Urtheilsfunktion ist und zwar die eines Reflexionsprädikats. Auf der andern Seite setzt der Existentialsatz, als erkenntnistheoretische Werthung einer psychischen Thatsache, immer voraus, dass die Thatsache im fait accompli, d. h. dass die Subjektsvorstellung unter den gegebenen psychologischen Voraussetzungen richtig gebildet sei. Der Sprechende stellt sich einen Bewusstseinsausschnitt, der für sich ein unbestrittenes und selbstständiges Ganzes bildet, gegenständlich gegenüber, prüft den Werth desselben durch Besinnen auf seine psychologische

Eigenart und drückt das Ergebnis der Prüfung ohne weiteres in einem Satze, dem Existentialsatze, aus. Die Behauptung einer nothwendigen psychologischen Thatsache aber ist's, wofür im Existentialurtheil logische Geltung verlangt wird, ohne dass der Urtheilende auch nachträglich, um Gründe betragt, andere als rein psychologische (wie die Wahrnehmung u. s. f.) anzuführen wüsste. Das Sein entspricht somit dem Begriffe des „Setzens", und zwar in dem Sinne, in welchem derselbe von Kant und besonders von Fichte in die Philosophie eingeführt worden ist. Der Begriff des Setzens fordert allgemein bindende Anerkennung einer psychologischen Thatsache. Wahrnehmenmüssen, Erklärenmüssen, Vorstellenmüssen und — wie sich zeigen wird — Denkenmüssen wird in den Existentialsätzen beansprucht; nur in diesen Prädikaten bewegt sich der eigentliche Existentialsatz; eine Verneinung der beanspruchten Geltung involvirt somit immer die positive Geltung eines der übrigen Prädikate.

Als Produkt eines Besinnens auf Bewusstseinsthatsachen schliesst somit der Existentialsatz zwei Momente in sich, ein passives und ein aktives. Seine Grundlage bildet die schlechthin gegebene Vorstellung, welcher Kant in seinem „Existit" und in seiner Allgemeinbezeichnung „Gegenstand" etwas zu sehr Rechnung trägt. Das ungleich wichtigere aktive Moment liegt in der existentialen Funktion, welche den psychologischen Bestand der Vorstellung brauchbar macht für den logischen Organismus des Denkens.

Das passive Moment, die Vorstellung, wurde eben als ein unbestrittenes und selbständiges Ganzes bezeichnet, und dies ist der Punkt, auf welchen wir als auf ein zweites Charakteristikum der Existentialsätze die Aufmerksamkeit lenken möchten. In jedem Existentialsatz ist nämlich unverkennbar die Beziehung zum Substanzbegriff. Die Subjektsvorstellung muss mit allen und nicht blos mit einigen Bestandtheilen ihres Complexes von Eigenschaften oder Merkmalen mit der Welt der Anschauung bezw. des Geistes in widerspruchslosem Zusammenhang stehen, sie muss sich als richtig geschautes Ding oder als richtig gedachter Begriff, also als selbständiges Einzelwesen von dem Untergrund des Gesammtbewusstseins abheben. Weil bei den Orts- und Zeiturtheilen der Substanzbegriff gewahrt erscheint, haben wir sie oben, wenn dabei auch ein Setzen nicht in Frage kommen kann, doch aus der Reihe der Existentialsätze wenigstens nicht ausgeschlossen. Damit vergleiche man Folgendes: Man setze den Fall, ein Knabe werfe einem andern einen Stein an den Kopf, und die Folge sei eine klaffende Wunde; bei dem sich entspinnenden Rechtsstreit verlege sich der böswillige Attentäter, da er den Wurf nicht in Abrede stellen kann, auf ein sophistisches Abschwächen seiner Angriffswaffe und will den Getroffenen mit einem Splitter morschen Holzes, das am Boden gelegen sei, geworfen haben. „Nur ein Stück *Holz* war da," ruft er aus. Trotz der existentialen Form ist dieser Satz kein Existentialsatz. Denn davon sind beide Theile überzeugt, dass ein wahrnehmbarer harter Gegenstand, der die Wunde verursacht hat, vorhanden war und zwar an diesem Ort vorhanden war; es fehlt also diesem Satze sowohl der Charakter des Setzens als der einer örtlichen Determination. Ferner ist die Vorstellung Holz eine bestrittene; Holz und Stein, ein Gegenstand von geringerem Härtegrad und ein Gegenstand von grösserem Härtegrad stehen einander gegenüber. Um das wichtige constituirende Merkmal der Substanzen dreht sich der Streit. „Ein Stück Holz war da" ist also gleich dem Attributivurtheil: der Gegenstand war nicht sehr hart; ihm entsprechend lautet das gegnerische Urtheil: der Gegenstand war sehr hart. — Wenn es sich in einem Criminalfall darum handelt, nachzuweisen, dass z. B. ein formloser Goldklumpen vorher eine Brosche war, so ist auch hier nicht von Existenz die Rede, sondern zwei Dinge streiten um die Ursprünglichkeit ihrer substantiellen Formung. Zwei zeitliche Attributivurtheile stehen einander gegenüber. Nicht Sein in dieser Zeit und Sein in jener Zeit, wie beim existentialen Zeiturtheil, lautet die Alternative, sondern früher Sosein und früher Anderssein, oder: identisch mit einem früheren Gegenstand und nicht identisch mit demselben.

Setzen einer unbestrittenen, psychologischen Thatsache also, mag diese Thatsache aus einer einzigen Empfindung, Eigenschaft oder Merkmal oder aus einer Mehrheit dieser Elemente bestehen, kurz Setzen einer Substanz war das gemeinsame Erkennungs- und Unterscheidungszeichen der Gesammtheit der behandelten Existentialsätze von der Gruppe der Attributivurtheile. Allein mit dem Setzen der Thatsachen der Wahrnehmung, des erklärenden Denkens und psychischen Realität ist der Umfang ihrer Funktion noch nicht erschöpft, weil der Inhalt des theoretischen Bewusstseins auf die angegebenen drei Stufen nicht beschränkt bleibt. Wie in Betreff der äusseren Wahrnehmung im erklärenden Denken, so gibt der Mensch sich bezüglich der inneren Wahrnehmung Rechenschaft im reinen Denken. Es muss also als viertes psychologisches Spezialgebiet zu den vorigen das des „Bewusstseins überhaupt" hinzutreten.

Wenn Fichte den Existentialsatz „ich bin" für den „Ausdruck einer Thathandlung, aber auch der einzig möglichen" (Grundlage der gesammten Wissenschaftslehre, WW I, p. 96) erklärt, so stimmen wir ihm insoweit bei, als dieser Existentialsatz ein Setzen des „reinen Ich" oder des „Bewusstseins überhaupt" behauptet; denn in diesem Falle ist thatsächlich das Ich „zugleich das Handelnde und das Produkt der Handlung, das Thätige und das, was durch die Thätigkeit hervorgebracht wird". Diese Identität von „Bewusstsein überhaupt" und „reines Ich" lehrt zweierlei. Einmal, dass die Existentialsätze des „Bewusstseins überhaupt" keinerlei Beziehung auf eine ausserpsychische Realität haben oder beanspruchen (vgl. auch Rickert, a. a. O. p. 39). Ferner lehrt die Bezeichnung „reines Ich", dass bei dieser Existenzart das urtheilende Subjekt nicht in seiner Eigenschaft als empirisches Ich, sondern als Repräsentant der denkenden Gattung Menschheit zu fassen ist. Mit

Abstreifung von allem Empirischen und Individuellen ist das „Bewusstsein überhaupt" dasjenige, „was von keinem Standpunkte aus Objekt werden kann" (Rickert, a. a. O. p. 80). Es ist also eine blose Funktionsweise, welche erkenntnistheoretisch von allem Empirischen und Individuellen unabhängig ist, psychologisch jedoch einen gewissen Höhepunkt der Entwicklung des empirischen Individuums zur Voraussetzung hat. Der einzelne Mensch muss einen gewissen Grad geistiger Reife und geeigneter Schulung erreicht haben, um jene Denkweise des Normalmenschen sein eigen nennen zu können. Hat er die nöthige Reife erlangt, dann funktionirt auch der Apparat des Denkenmüssens. Daraus folgt, dass die Thatsache, dass viele Menschen von manchen Existentialsätzen des „Bewusstseins überhaupt" keine Ahnung haben oder dieselben bestreiten, keine negative Instanz gegen deren Richtigkeit bildet*.

Letzteres gilt besonders von dem Existentialsatz: es gibt einen Gott. Denn da sich dabei örtliche Bestimmungen wie „im Himmel" oder „überall" erkenntnistheoretisch nicht rechtfertigen lassen, ist derselbe nur unter dieser Rubrik, welche jede Beziehung auf die Wahrnehmung ausschliesst, zu behandeln.

---

* Ein unmittelbares *verpflichtendes* Hereinragen der Gattungsvernunft in das individuelle Leben zeigt sich bei jenen Begriffen, die nicht ein Sein sondern ein Handeln zum Inhalt haben, also bei den ethischen und juristischen. Die ethischen Vorschriften und die juristischen Gesetze wollen von allen normalen Individuen befolgt sein; ihre Nichtbefolgung hat sittliche Verachtung, bezw. noch dazu physische Strafe zur Folge. Mangel an Einsicht in die Nothwendigkeit dieser oder jener Bestimmung des Rechtskodex, ja selbst Unkenntnis des thatsächlichen Inhalts derselben schützt vor Strafe nicht.

Einen interessanten Übergang aus der Sphäre des Geltens (vgl. unten) in die des empirisch wahrnehmbaren Seins lassen die verschiedenen statutarischen Bestimmungen über das Papiergeld – das Wort im allgemeinsten Sinne verstanden — erkennen. Eine Banknote, als blose Anweisung an eine Bank, braucht das einzelne Individuum nicht in Zahlung anzunehmen. Bei Papiergeld mit Zwangskurs in einem Lande mit Papierwährung kommt das Individuum nur als wahrnehmendes in Betracht, der Papierschein ist in diesem Falle die darauf genannte Summe.

Und wenn Sigwart, von seinem Standpunkt aus gewiss mit Recht, jenen Satz als das denkbar ungeeignetste Beispiel eines Existentialsatzes (d. Imp. p. 50) bezeichnet, so trifft dies für uns nicht mehr zu. Der einzelne Mensch ist zwar selten in der Lage, dem höchsten Wesen das Prädikat existirend ausdrücklich zuzuschreiben, weil dasselbe eben im Gesammtbewusstsein der Menschheit lebt. Und doch sind die psychologischen Vorbedingungen für die Erkenntnis der Existenz Gottes von der mannigfaltigsten Art, von den Bedürfnissen höchster philosophischer Spekulation absteigend zu denen der individuellsten Herzenssache. Während der aristotelische Gottesbegriff der νόησις νοήσεως nur zu verstehen ist als theoretische Consequenz eines ganzen metaphysischen Systems, sind bei der Auffindung des Begriffs des Absoluten mancher anderen philosophischen Lehrgebäude religiöse Motive mitbestimmend gewesen, welche letzteren bei den meisten Menschen die einzigen sind. Allein zu welch' verschiedenartigen Erwägungen der psychologische Thatbestand auch Veranlassung geben mag, das Entscheidende ist nur dieses: Derjenige, der den Existentialsatz „es gibt einen Gott" ausspricht, will sagen: „Wenn ich das göttliche Wesen denke, muss ich dasselbe als nothwendig existirend denken;" dasselbe ist, wenn nicht etwas objektiv Erkennbares, so doch subjektiv Denknothwendiges, m. a. W. ein Postulat des Denkens. Wer das Dasein Gottes leugnet, gibt sich entweder, und zwar dann, wann er sich auf wissenschaftliche Gründe beruft, einer Selbsttäuschung hin; denn auch der Atombegriff des Materialismus zeigt ja gerade die Richtigkeit dessen, was diese Theorie bestreitet: die Nothwendigkeit der Annahme reiner Gedankendinge; oder aber dem Läugner war durch mangelhafte und verkehrte Herzensbildung die Möglichkeit benommen, den Glauben an die Existenz Gottes, wie ihn die Schule beigebracht, zur Überzeugung zu verfestigen; und der verfehlten Entwicklung vermochte der blose Glauben daran nicht Stand zu halten. Er würde die Nöthigung zur Annahme des Daseins Gottes empfinden, wenn er ein anderer Mensch wäre.

Rein theoretischer Natur sowohl bezüglich der psychologischen Erklärungsweise* ihres Daseins als auch des Endzwecks, dem sie dienen, sind die übrigen Existentialsätze des „Bewusstseins überhaupt", zunächst also die der reinen Mathematik. Allerdings ist man sich des rein formalen Charakters der mathematischen Wahrheit in der Geschichte der Philosophie nicht immer bewusst gewesen. Wie das naive Bewusstsein häufig das Ergebnis der auf dem Gesetz der grossen Zahl beruhenden Wahrscheinlichkeitsrechnung anwendet auf ein bestimmtes empirisches Faktum (z. B. beim Würfelspiel) und so das formale mit dem erklärenden Denken verwechselt, so hat auch in der Philosophie die anschauliche Form der mathematischen Gebilde dazu verleitet, denselben eine gewisse selbstverständliche Beziehung auf die Welt der Anschauung zuzuschreiben, dieselbe auf *alle* Beziehungen des reinen Denkens auszudehnen, ja sogar, wie es bei Spinoza geschah, die Welt der Anschauung aus den letzteren abzuleiten. Wirft diese Gepflogenheit des Denkens ein interessantes Licht auf Gedankenreihen, wie sie im ontologischen Gottesbeweise Anselm's gipfeln (vgl. Schopenhauer, über d. 4 f. Wurzel d. Satzes v. zur. Grunde § 7 und § 39), so war es auf der andern Seite Kant, welcher an demselben Beweis den Irrthum aufdeckte,

---

* Ob man sich dem Empirismus oder Nativismus anschliesst, ist für unsere Frage gleichgültig; nicht minder irrelevant ist die Entscheidung darüber, ob die Mathematik eine synthetische oder analytische Wissenschaft sei, d. h. ob man der Kant'schen Auffassung (vgl. besonders dessen Methodenlehre in der Krit. d. r. V. p. 548 ff.) zustimmt, wornach die Beziehung zur „Anschauung überhaupt" (vgl. Transsc. Ded. d. r. Verst. nach d. 2. Aufl. p. 678, Kehrbach) zu den Begriffen nothwendig *hinzukommt*, ich also „von dem Begriffe zu der ihm correspondirenden reinen Anschauung" (a. a. O. p. 554) übergehen muss, oder ob man mit Hume, wie neuerdings Bergmann (Grundprobleme p. 111 f.), die Anschauung den Begriffen ihrer Natur nach implicite nothwendig *innewohnend* betrachtet.

in dem das Denken seiner philosophischen Vorgänger befangen war.

Die Wahrheiten der Mathematik sind, eben weil sie bis auf den letzten Rest in rationale Beziehungen sich auflösen lassen, von keinem vernünftigen Menschen bestritten. Daher sind mathematische Existentialsätze ausser Laien oder Lernenden gegenüber bei Mathematikern selbst wenig im Gebrauch. Nicht ein Bestreiten, sondern ein Nichtanwendenkönnen der mathematischen Sätze ist dasjenige, was den Fortschritt des mathematischen Denkens hemmt; daher sind Sätze wie „denke an den binomischen Lehrsatz" in dieser Wissenschaft viel häufiger als Existentialsätze wie „es gibt einen binomischen Lehrsatz".

Das Gleiche trifft zu bei den Gesetzen der formalen Logik und den obersten Kategorien des erklärenden oder im engeren Sinne erkenntnistheoretischen Denkens. Letztere kommen zwar nur dadurch zum Bewusstsein, dass wir die Dinge der Erfahrung denken, das Kriterium ihrer Wahrheit liegt aber wie bei den ersteren jenseits der Erfahrung, im denkenden Bewusstsein. Auch von ihnen gilt, wie von allen Existentialsätzen, die wir bis jetzt in diesem Abschnitt behandelt haben, das Wort Goethe's: sie gelten ewig, denn sie sind. Bezüglich des Inhalts der Subjektsvorstellungen stimmen die Existentialsätze über die höchsten Principien der formalen und erkenntnistheoretischen Logik darin überein, dass denselben nicht wie bei denen der mathematischen Wahrheit Quanta, sondern Qualia bilden.

Zwischen diesen höchsten Beziehungen des Denkens und der Beziehung auf die Wahrnehmung gibt es noch Zwischenstufen: die Ergebnisse der Anwendung jener auf diese. Es sind dies die Art- und Gattungsbegriffe der erfahrbaren Dinge (wir fassen dabei unter der Bezeichnung Gattungsbegriff sowohl die Gattungsbegriffe von Dingen als auch die von Veränderungen (die Naturgesetze) zusammen). Ihr Verhältnis zur Wahrnehmung wurde oben bereits besprochen; es erübrigt noch, einen prüfenden Blick auf ihren Wahrheitswerth insofern zu werfen, als das

Band, welches ihre Elemente umschlingt, ein logisches ist. Welches ist das Werthverhältnis — so stellt sich die Frage — der immanenten Beziehungen der empirischen Begriffe, verglichen mit den Anforderungen des „Bewusstseins überhaupt"? Ist ihr Sein auch ein unumschränktes, lassen sich auf dieselben auch die in unserm Sinne gedeuteten Worte Spinoza's anwenden, dass jeder „aeternam et infinitam essentiam exprimit"?

Den Ausgangspunkt unserer Betrachtung bilde eine Stelle Kant's in seiner „Transscendentalen Deduktion der reinen Verstandesbegriffe": „Auf mehrere Gesetze als die auf denen die *Natur überhaupt*, als Gesetzmässigkeit der Erscheinungen in Raum und Zeit, beruht, reicht auch das reine Verstandesvermögen nicht zu, durch blose Kategorien den Erscheinungen a priori Gesetze vorzuschreiben. Besondere Gesetze, weil sie empirisch bestimmte Erscheinungen betreffen, können davon *nicht vollständig abgeleitet* werden, ob sie gleich alle insgesammt unter jenen stehen. Es muss Erfahrung dazu kommen, um die letztere *überhaupt* kennen zu lernen; von Erfahrung aber überhaupt und dem, was als ein Gegenstand derselben erkannt werden kann, geben allein jene Gesetze a priori die Belehrung" (Krit. d. r. V., 2. Aufl., a. a. O. p. 681). Kant unterscheidet also auch zwischen allgemeinen Gesetzen einer Natur überhaupt, den Kategorien, und besonderen Gesetzen der empirischen Erscheinungen, den abgeleiteten Begriffen. Diese letzteren können aber von ersteren „nicht vollständig abgeleitet werden", wenn sie gleich Arten jener Gattungen sind. Welcher Art ist nun, näher betrachtet, jenes Moment, welches die vollständige Ableitung der Artbegriffe von jenen obersten Gattungsbegriffen, m. a. W. der Begriffe des erklärenden Denkens von denen des „Bewusstseins überhaupt" verhindert? Wir wählen ein Beispiel. Ich sehe das Wasser in einem Glase, das vorher flüssig war, nach einiger Zeit zu einem festen Klumpen zusammengefroren; ich denke, diese Veränderung muss ihre Ursache haben und finde als solche eine Wärmeabnahme auf 0-Grad. Das Erkalten des

Wassers bis zum Nullpunkt bildet die Ursache des Gefrierens. Die Kategorie der Ursächlichkeit gilt aber hier nicht absolut, sie ist vielmehr in ihrer Wirksamkeit gebunden an bestimmte empirische Bedingungen. Die letzteren bilden die Schranke, welche das nothwendige Denken des „Bewusstseins überhaupt" als — man denke an die vérités de fait im Gegensatz von den vérités de raison bei Leibniz — zufällig gegeben hinzunehmen hat. Die Gesetze der „Natur überhaupt" würden in unbeschränktem Masse gelten auch dann, wenn die Träger ihrer Funktion auf einen andern Planeten versetzt würden. Die speziellen Naturgesetze aber, wie ein solches der Begriff Eis darstellt, gelten nur für den Fall, dass das urtheilende Individuum seinen Standpunkt in der ihm zugänglichen Welt der Erfahrung eingenommen hat.

Ungleich verwickelter, weil durchsetzt von wesentlich andersartigen Faktoren, zeigt sich jenes irrationale Moment bei den Begriffen eines Geschehens, welches nicht wie das Naturgeschehen, blos mechanischen, unzweideutig vor Augen liegenden Gesetzen folgt, nämlich bei denjenigen des historischen Geschehens. Die historische Entwicklung stellt sich nicht dar als ein steter Gleichtakt im Eintreten todter Thatsachen, vielmehr ist ihr Träger die zweckbestimmte menschliche Persönlichkeit und daher die Entwicklung ebenso faltenreich als der Begriff der Persönlichkeit selbst. Man vergleiche die antiken Theorien vom Staate mit denen von heute, und innerhalb der heutigen Zeit diejenigen von Juristen mit denen von Sozialpolitikern oder Kulturhistorikern. Die Vielgestaltigkeit der Aufgaben des Staates, als eines aus zweckthätigen Individuen bestehenden Ganzen, hat es bis jetzt zu einer allgemein anerkannten Begriffsbestimmung nicht kommen lassen. Ein abschliessender, allen Zufälligkeiten historischen Gegebenseins enthobener Begriff wäre erst dann möglich, wenn uns nicht blos der Sinn einzelner Perioden, sondern der Geschichte überhaupt bekannt wäre.

Fassen wir unser Urtheil über die empirischen Begriffe im Vergleich zu denen des Bewusstseins überhaupt zusammen, so stimmen wir zunächst für beide Begriffsarten den Worten Lotze's zu: „Wirklichkeit des Seins geniessen sie (scil. Die Ideen oder Begriffe) freilich nur in dem Augenblicke, in welchem sie als Gegenstände oder Erzeugnisse eines eben geschehenden Vorstellens Bestandtheile dieser veränderlichen Welt des Seins und Geschehens werden; aber wir sind überzeugt, in diesem Augenblick, in welchem wir den Inhalt einer Wahrheit denken, ihn nicht erst geschaffen, sondern nur ihn anerkannt zu haben; auch als wir ihn nicht dachten, galt er und wird gelten, abgetrennt von allem Seienden, von den Dingen sowohl als von uns und gleichviel, ob er je in der Wirklichkeit des Seins eine erscheinende Anwendung findet oder in der Wirklichkeit des Gedachtwerdens zum Gegenstand neuer Erkenntnis wird" (Logik, 2. Aufl. p. 515; vgl. auch p. 564 ff.). Forscht man näher nach dem Sinne dieses „Geltens", frägt man, wo sind die gedachten Beziehungen der Begriffe dann, wenn sie nicht gedacht werden — denn mit der allgemeinen Antwort „im Bewusstsein" beruhigt man sich nicht — so sind wir, wenn wir nicht etwa die juristischen Begriffe, die Gesetze, dem Willen des Gesetzgebers oder des Staates inhärirend betrachten wollen, wodurch allerdings die Frage nicht gelöst, sondern nur zurückgeschoben würde, mit unserer Lokalisation bald am Ende. Sind sie etwa in wissenschaftlichen Werken niedergelegt? Mit nichten. Denn die Buchstaben und Wörter eines Buches sind ja ein todtes Gerippe, wenn sie nicht der lesende oder denkende Geist mit lebendigem Inhalt füllt. Es hat hier offenbar keinen Sinn, nach irgend einer Existenzart ausserhalb des Bewusstseins oder im Bewusstsein, sofern sie nicht gedacht sind, zu fragen. Die Begriffe sind lediglich Anforderungen an das Denken. Sie besagen, wenn du den und den Inhalt denken willst, musst du ihn mit diesen Beziehungen denken; sie sind dem lebendigen Bewusstsein abgelauscht, dort nur ist ihr Sein zu suchen.

Also Denknothwendigkeit charakterisirt beide Begriffsarten, die Begriffe des erklärenden, wie die des reinen Denkens. Allein lässt die Denknothwendigkeit der letzteren sich rein auflösen in eine organische Summe immanenter Beziehungen, so ist dieselbe bei den ersteren unlösbar verknüpft mit der für den freien Flug des Denkens zufälligen Erfahrungsthatsache. Gedacht mit den Beziehungen des „Bewusstseins überhaupt" ist doch der Inhalt der empirischen Begriffe nicht wie derjenige der Begriffe des „Bewusstseins überhaupt" von jenen Beziehungen erzeugt, sondern gegeben vorgefunden. Ich werde genöthigt, eine bestimmte Thatsache oder einen bestimmten Vorgang auf bestimmte Weise zu denken; weshalb aber diese Thatsache oder dieser Vorgang gerade diesen Inhalt hat, ist unbegreiflich, denn es wäre auch denkbar, dass sie einen andern Inhalt hätten. Diese Inkongruenz der empirischen Thatsachen mit den Anforderungen des reinen Denkens bildet für dieses den steten Impuls durch Erforschung der gesammten Erfahrungswelt alle Phasen der Denkmöglichkeit zu durchlaufen. Wäre dieses Endziel der Forschung erreicht, was freilich stets ein unerreichtes Ideal bleiben wird, dann wäre jener freie Flug des Denkens an seinem Ruhepunkt angelangt, das „Bewusstsein überhaupt" hätte in der empirischen Welt sich selbst vollauf wiedergefunden, die empirische Natur wäre zur „Natur überhaupt" geworden. Daher können wir Rickert beistimmen, wenn er sagt: „Die Wirklichkeit erkennen wollen, heisst Bewusstsein überhaupt werden wollen" (a. a. O. p. 83). Erst dann wenn dieses letzte Ziel erreicht wäre; wenn jede Thatsache nicht blos ihrer Form sondern auch ihrem Inhalt nach im Reiche der Wirklichkeit ihre denknothwendige Stelle hätte, wenn alle Theile des Weltalls und die Perioden seiner Veränderung, alle Glieder der historischen Entwicklung des Menschenlebens begrifflich festgestellt vor Augen lägen, dann wären die Bedingungen für die Möglichkeit der „Herleitung" der empirischen Wirklichkeit aus den obersten Principien, d. h. die Bedingungen für eine abschliessende Natur- und Geschichtsphilosophie gegeben. Lotze spricht einmal von den mannigfachen Beziehungen der sprachlich uniformen Copula als von „Nebengedanken, welche wir über die Art der Verknüpfung des Subjekts mit dem Prädikat uns machen" (a. a. O. p. 59). Wir wollen nun nicht sagen, dass jeder der die Existenz eines empirischen Begriffs in einem Urtheil ausspricht, thatsächlich mit behauptet, sondern nur sich bewusst bleiben soll, dass derselbe eben wegen seiner immanenten Beziehung *und* seiner Beziehung zur Wahrnehmung ein abgerissenes Stück eines unbekannten Ganzen ist. Das Bewusstsein überhaupt ist im Besitze dieses Ganzen, das empirische Bewusstsein arbeitet an dem Bau desselben; auf die Thätigkeit des letzteren lässt sich daher ein Aperçu Anzengruber's deuten: „Die Welt wurde nicht, die Welt wird" (WW, V, Aphorismen, Cotta's Nachf.).

Welche Besonderheiten den einzelnen Existentialsätzen in Folge der Verschiedenheit der Beziehungen des Subjektsbegriffs auch anhaften mögen, allen gemeinsam bleibt: dass sie das Setzen einer nothwendigen psychologischen Beziehung darstellen, und diese beiden Begriffe — das Setzen und die Beziehung — sind es, an welche wir einige theils positive theils negative Folgerungen prinzipieller Natur knüpfen wollen.

Ist Sein ein Setzen, Setzen aber ein Urtheilen, so folgt, dass Sein nur im Urtheilen — nicht im Vorstellen, sei es einer psychischen, sei es einer ausserpsychischen Realität — liegen kann. Dies hat Rickert so ausgedrückt, dass er von der „Urtheilsnothwendigkeit" als „einer Art von Seinsnothwendigkeit" spricht (a. a. O. p. 88). Es fällt somit von hier aus ein interessantes Licht auf eine Stelle bei Schopenhauer, wobei dieser eine Stelle Eulers in Lichtenberg's vermischten Schriften sich zu eigen macht: „Mir kommt es immer vor, als wenn der Begriff Sein etwas von unserm Denken Erborgtes wäre, und wenn es keine empfindenden und denkenden Geschöpfe mehr gibt, dann ist auch nichts mehr". (Die Welt als Wille und Vorstellung II, Kap. I, Anm.).

Der Begriff des *Setzens* als eines *Urtheilens* verbietet es mit Sigwart anzunehmen, dass „jedem einzelnen Existentialurtheil der mich immer begleitende Gedanke einer mich umgebenden wirklichen Welt vorausgesetzt" (Log. I², p. 95) sei. Und wenn Sigwart sagt: Das Existirende steht nicht blos in der Beziehung zu mir, „sondern zu allem andern Scienden, nimmt zwischen andern Objekten seinen Raum ein", so verlangt der Begriff des Seins als des Setzens einer *psychologischen* Thatsache, die Funktion der Existentialsätze nicht einzuschränken auf das Gebiet der Wahrnehmbarkeit, sondern dieselbe auch wirksam sein zu lassen im Gebiete der rein immanenten Thatsachen. Aus dem Begriffe der Constatirung einer *nothwendigen psychischen* Funktion folgt endlich, dass das Individuum, welches einen Existentialsatz ausspricht, von den andern Individuen nichts verlangt als die Anerkennung seines psychologischen Zustandes. Zweifeln gegenüber kann der „Beweis" der Existenz nur darauf ausgehen, in andern Individuen den gleichen psychologischen Zustand zu erzeugen, denselben das Geständnis abzuringen, dass das Urtheil nicht blos für das sprechende, sondern für alle Individuen gilt. Die Verschiedenartigkeit dieser psychologischen Zustände gebietet es, sich stets über die Art der Beziehung klar zu werden, um nicht — wie es im ontologischen Argument für das Dasein Gottes geschah — eine mit einer andern zu verwechseln.

Ist das Sein eine Beziehung zum Bewusstsein, so muss eine entgegengesetzte Theorie, welche diese Beziehung leugnet, unhaltbar sein. Herbart ist es, der darauf ausgeht, das Sein als ein beziehungsloses, unbedingt gesetztes zu beweisen, in seiner Lehre von der absoluten Position und dieselbe zur Grundlage seines Systems macht (vgl. Herbart, Lehrb. zur Einleit. i. d. Philosophie W W 1 §§ 53, 63, 132 ff., Hartenstein; Drobisch, neue Darstellung der Logik, Leipzig, 1863, p. 59 ff.). Kant hatte das Sein „die Position eines Dinges" genannt und den Satz aufgestellt, dass die Copula das Prädikat „beziehungsweise" auf's Subjekt setze (vgl. Krit. d. r. V. p. 472, Kehrb.). Indem nun Herbart diesen letzteren Gedanken nach rückwärts verfolgt, gelangt er etwa zu folgender Überlegung: Je weiter der Umfang des Subjektsbegriffs eines Urtheils ist, um so weniger bedingt ist die Setzung des Prädikats; denn der Begriff von weiterem Umfang hat einen kleineren Inhalt, daher auch weniger Bedingungen seiner Geltung. Herbart illustrirt dieses hypothetisch abstufbare Relationsverhältnis zwischen Subjekt und Prädikat durch einen Satz, dessen Prädikat „verdunstet" lautet und dessen Subjekte der Reihe nach „kochendes Wasser", „Wasser", „Flüssigkeit" bilden. Ist in dem Urtheil „kochendes Wasser verdunstet" die Geltungssphäre des Begriffs „verdunsten" eine beschränkte, hat sie sich in dem Urtheil „Flüssigkeit verdunstet" in Folge des umfangreicheren Subjektsbegriffs wesentlich erweitert. Verschwindet der Inhalt des Subjektsbegriffs ganz, so hat die freie Stellung des Prädikats im Urtheil ihr Maximum erreicht: das Prädikat wird unbeschränkt, unbedingt aufgestellt. Dieser Hergang zeigt sich im letzten Stadium bei den Impersonalien und besonders bei den Existentialsätzen. Bei diesen letzteren ist die Form „es ist P" aus „S ist P" entstanden. Das Sein ist sonach kein Prädikat; die Copula wird zu dessen Zeichen, zum Zeichen der absoluten Position, wenn für ein Prädikat das Subjekt fehlt. Soweit Herbart. Fragen wir zunächst nach dem Weg, der Herbart zu der absoluten Position geführt hat, so ist derselbe aus dem Gesagten klar ersichtlich. Ein empirisch wahrnehmbarer Gegenstand als Subjekt, also eine Beziehung zur Wahrnehmung ist der Ausgangspunkt, und von hier aus meint Herbart durch fortgesetzte Abstraktion zum absolut beziehungslosen Subjektsbegriff zu gelangen, dem, eben weil er selbst beziehungslos sei, auch keine beschränkende Beziehung zum Prädikatsbegriff mehr innewohne.

Nicht so evident, wie das, was Herbart erreichen *wollte*, ist das was er thatsächlich erreicht hat. Denn bilde ich von dem Begriff „kochendes Wasser" zur Gattung aufsteigend den Begriff „Flüssigkeit", so gilt derselbe einmal als ein von der Wirklichkeit Abstrahirtes insofern, als es wahrnehmbare Dinge (Wasser, Wein u. dgl.) gibt, die unter ihn fallen, zweitens als Begriff, insofern er uns nöthigt, alle die verschiedenartigen Dinge der Wahrnehmung unter bestimmter Form und an bestimmter Stelle im vielmaschigen Netz des Gedankensystems zu denken. Gelange ich endlich zu dem äussersten Begriff, zu welchem Herbart's formelles Verfahren führen kann (vgl. auch Drobisch, a. a. O. p. 61), zu dem des „Irgendetwas", so kann ich mir unter diesem, weil er als oberster Gattungsbegriff die äusserste Grenze aller Beziehungen nach oben darstellt, allerdings nichts mehr denken (er ist inhaltsleer), aber — nach einem bekannten Satze — um so mehr vorstellen, nämlich eine beliebige Anzahl von Einzeldingen. Seine Allgemeinheit, die Leere seiner begrifflichen Beziehung macht es dem Denken unmöglich, seinen „Inhalt" nach Gruppen, Gattungen und Arten zu gliedern. Auf der andern Seite kann er seine Herkunft so wenig verleugnen, dass er zur Welt der Wahrnehmung als seinem natürlichen Komplement stets hinstrebt. Es bleibt ihm also als praktisch ausführbar die andere Funktion, welche hier darin besteht, die ordnungslose Summe des Mannigfaltigen mit einem gemeinsamen Namen zu bezeichnen; er ist somit das äusserste und lockerste, leicht verschiebbare Band zwischen den Einzeldingen. Wie das erste Meteor für das erklärende Bewusstsein auf den ersten Blick etwas Räthselhaftes war, sogleich sich aber wenigstens der eine Beziehungspunkt zum Weltall ergab, umgekehrt zeigt auch der abstrakteste und unbestimmteste Begriff bei genauerer Betrachtung Berührungspunkte mit der Erfahrung.

Die Gegenstände der Wahrnehmung, die Herbart bei der Theorie seiner Realen aus der einen Thüre hinauswirft, kommen bei der andern nur um so reichlicher herein. Allein bereits Lotze hat darauf aufmerksam gemacht, dass es psychologisch begreiflich erscheine, wie ein Denker sich der Täuschung hingeben kann, „als läge in der Absicht und dem guten Willen eine schöpferische Kraft, welche, wenn sie auf kein bestimmtes Prädikat gerichtet, sondern schlechthin ausgeübt werde, dieses allgemeine und reine Sein erzeugte, das allem bestimmten Sein zu Grunde läge" (Metaphysik, 2. Aufl. p. 38). Wir wollen dieser Täuschung im Folgenden noch etwas näher nachgehen. Man nennt das erkennende Denken manchmal das Gerüst, welches der Geist um die Wirklichkeit der Dinge schlägt. Keine Metapher ist falscher als diese, aber gerade der Nachweis ihrer Falschheit dient zur Illustration des Irrthums, dem Herbart verfallen ist. Die Objekte der Anschauung und die Denkbeziehungen sind nicht etwa realiter getrennte oder trennbare Faktoren, so wie Bau und Gerüst in der Anschauung deutlich unterscheidbar sind; sie bilden vielmehr eine unitas simplicitatis, welche nur in der Abstraktion trennbar ist. Aber auch in der Abstraktion deckt sich bei genauerer Betrachtung das Bild nicht in allen Theilen mit der Sache. Halten sich bei einem werdenden Bau das von der menschlichen Intelligenz geordnete Baumaterial und das Gerüst in der Höhe und bis zu einem gewissen Grade auch in der Gestaltung gleichen Schritt, so bleibt im erkennenden Bewusstsein die empirische Anschauung als indigesta moles dem fortschreitenden Denken gegenüber zurück, und eine Kette von immer farbloser werdenden Zwischengliedern verbindet erstere mit der Höhe der Abstraktion. Die freie Bewegung des Denkens kann sich in ungehinderter Selbständigkeit bis zu ungeahnter Höhe der Spekulation emporschwingen, die Wahrnehmung bleibt immer, wie der Ausgangspunkt, so das Fundament, auf welchem das ganze Gebäude ruht. Aber gerade die weite Entfernung der Resultate des spekulativen Denkens von der konkreten Anschauungswelt lässt es begreiflich erscheinen, wie jenes für sich das vermeintliche Recht beanspruchen kann, aller Beziehungen auf die Anschauungen baar zu sein.

Glatter hätte sich diese Theorie der absoluten Position abwickeln lassen, wenn Herbart mit Anwendung des umgekehrten formal-logischen Processes die absolute Geltung des Existentialsatzes von der Form „S ist" zu beweisen versucht hätte. Aber jedenfalls würde dabei die Erklärung für das gänzliche Verschwinden des Prädikats Schwierigkeiten gemacht haben, wie ja auch die successive eintretende Verarmung des Subjektsbegriffs schliesslich bei „irgendetwas", also immer noch bei einem Begriff, nicht etwa erst bei dem nichtssagenden oder dunkeln Es-Wort Halt machen musste, und der Sinn dieser Lehre hätte sich deshalb nicht geändert. Auch dann würden sich die Worte Lotze's anwenden lassen: „Man kann nicht etwas schlechthin, sondern nur den Inhalt eines Satzes bejahen, nicht ein Subjekt, sondern nur an einem Subjekte sein Prädikat," d. h. also eine Beziehung. Das Bewusstsein ist eben keine Summe von selbständigen, beziehungslosen Elementen, aus deren zufälliger Anhäufung sich — man weiss nicht wie — die Wirklichkeit zusammensetzt. Es bildet vielmehr eine „Einheit eines Mannigfaltigen". Es besteht aus den Daten der Wahrnehmung und den Funktionen des Denkens, welch' letzteres die Thatsachen der äusseren, wie die der inneren Wahrnehmung im Urtheil in einheitliche Beziehung setzt. Der Existentialsatz in Sonderheit hat die Aufgabe, gerade dieses psychologische Grundverhältnis dem Gesammtbewusstsein zur Orientirung über den Wahrheitswerth der einzelnen Funktionen vor Augen zu stellen. Ein Begriff, der wie derjenige der Herbart'schen Realen die Erfahrungswelt erklären soll und doch jede Beziehung auf dieselbe leugnet, erscheint somit als ein Denkakt, welcher dem Denken selbst Gewalt anthut. Herbart's Theorie gleicht dem Machtspruch eines Fürsten in einem fremden Lande, wo ihm die Landeshoheit abgeht und ist zu vergleichen mit Philosophemen, welche umgekehrt ebenso logisch gewaltsam Anforderungen des reinen Denkens eine Beziehung zur Wahrnehmungswelt, ja sogar eine Kraftwirkung auf dieselbe zuschrieben. Und wenn wir zusehen, wie Herbart mit diesen seinen „beziehungslosen" Realen die Wirklichkeit zu erklären sucht und ihn von einem Kommen und Gehen im intelligiblen Raum — man denkt hiebei unwillkürlich an die μέθεξις und die παρουσία der platonischen Ideen — reden hören, so wird Horazens Wort vom „Hinaustreiben der Natur" auch in unserm Sinne wahr.